Lost & Dark Places
Schwarzwald

Im Brunnenstollen der Bergfeste Dilsberg ist es dunkel und feucht.

Cornelia Lohs

Lost & Dark Places
MANNHEIM & HEIDELBERG

33 vergessene, verlassene und unheimliche Orte

BRUCKMANN

↑ TOUR 12: Einst Prachtbau der Benediktiner: Michaelskloster auf dem Heiligenberg
↓ TOUR 9: »Ewige Ruhe« im wahrsten Sinne – die Gräber sind für die Ewigkeit.
↘ TOUR 19: Achtung Aussätzige: Der Leprosenstein markierte die Grenze zum Siechenhaus.

INHALT

Vorwort 8
Verhaltensregeln für Lost Places 10

33 LOST & DARK PLACES

1 **Mord am schottischen Schulmeister** 14
Zur falschen Zeit am falschen Ort

2 **Die Freilichtbühne aus dunkler Zeit** 20
Thingstätte Heidelberg

3 **Stätte der umgebetteten Gefallenen** 26
Ehrenfriedhof

4 **Der Weg in den Vorhof zur Hölle** 30
Das ehemalige Gleis 1a

5 **Die mysteriöse Macht des Heiligen** 34
St. Nikolaus Bildstock

6 **Ein Schacht voller Rätsel** 38
Das sagenumwobene Heidenloch

7 **Die Höhle des Einsiedlers** 42
Klause im Dossenheimer Mühltal

8 **Das vergessene Attentat** 46
RAF-Anschlag auf 4-Sterne-General am Karlstor

9 **Die verborgene Ruhestätte** 50
Der alte jüdische Friedhof vor dem Klingentor

10 **Vom Blitz vernichtet** 54
Die Obere Burg

11 **Die Bürgermeistermorde** 58
Mordsteine im Stadtwald

12 **Mystischer Kraftort** 64
Michaelskloster auf dem Heiligenberg

13 **Der eingemauerte Ritter** 68
Handschuhsheimer Tiefburg

14 **Der unterirdische Gang** 72
Brunnenstollen auf der Burgfeste Dilsberg

15 **Die grausame Geschichte eines Grabmals** 76
Kirchhof der Peterskirche

16 **Die sagenumwobene Burgruine Reichenstein** 80
Das Reich des Raubritters

17 **Der vergessene Brückenkopf** 84
Überbleibsel der Schwarzen Brücke

18 **Ein vergessener Flecken** 86
Spuren des Dreißigjährigen Krieges

19 **Zufluchtsort für die Aussätzigen** 90
Gutleuthofkapelle im Stadtteil Schlierbach

20 **Das Grab des Ersten** 94
Bergfriedhof Heidelberg

21 **Das unterirdische Mannheim** 100
Tiefbunker im Quadrat E6

22 **Das vergessene Denkmal** 104
Erinnerung an eine Fehde

23 **Die Gräber von Sand und Kotzebue** 108
Hauptfriedhof Mannheim

24 **Mannheimer Hinrichtungen der Nazidiktatur** 114
Lauersche Gärten

↑ TOUR 21: Manche Räume des Bunkers wirken ganz schön unheimlich.
↗ TOUR 25: Letztes Überbleibsel der einst mächtigen Schildkröt-Fabrik

25 Der vergessene Wasserturm der Gummifabrik 118
Überbleibsel der weltberühmten Schildkröt-Fabrik

26 Die Angst vorm Atomschlag im Kalten Krieg 122
Atomschutzbunker unter dem Stadthaus N 1

27 Der Grabraub 128
Die kurfürstliche Gruft unter der Schlosskirche

28 Der Panzerwald 132
Verlassene Bunker und Schießanlagen der US-Armee

29 Der einsame Pylon 136
Denkmal zur Einweihung des Mannheimer Industriehafens

30 Der Hochbunker 140
Vom Blockbunker zum Museum

31 Die mystische Maulbeerinsel 144
Urwald am Unteren Neckar

32 Die Firmenruine 148
Opel Kannenberg

33 Der Mauerrest 152
Die vergessene Burg Eichelsheim

Register 157
Impressum/Bildnachweis 160

VORWORT

Lost & Dark Places in Heidelberg? Wo sollen die denn bitte sein? Schließlich ist Deutschlands älteste Universitätsstadt als Dienstleistungs- und Wissenschaftszentrum bekannt sowie für den weltberühmten Dreiklang von Altstadt, Fluss und Bergen – ganz zu schweigen von der schönsten Schlossruine der Welt. Industrieruinen und leer stehende, vor sich hin verfallende Gebäude findet man hier nicht. Oder kaum, denn ein Gebäude steht selten für längere Zeit leer, ohne dass es abgerissen wird, um Platz für Neues zu schaffen, wie die nicht sehr lange leer stehenden Gebäude der US Army. Der einzige tatsächliche Lost Place war und ist bisher noch das Anwesen Kümmelbacher Hof in Neckargemünd, das jedoch seit ein paar Monaten bewacht wird und nicht mehr betreten werden darf. Zugegeben, Heidelberg hat vielleicht nicht unbedingt Lost Places im klassischen Sinn zu bieten, aber ganz sicher Orte mit dunkler Geschichte wie historische Mordschauplätze, einen verlassenen Friedhof, der bei Nebel recht schaurig ist, einen Schacht, der Rätsel aufgibt, mysteriöse Bildstöcke und einen eingemauerten Ritter.
Auch in der benachbarten Rhein-Neckar-Metropole Mannheim, immerhin Industrie-

Ehrenfriedhof Heidelberg:
Bei Nebel herrscht gespenstische Atmosphäre.

standort, gibt es kaum Industrieruinen. In der Stadt der kreativen Köpfe und Erfinder (Carl Benz, Karl Draiss, Julius Hatry) werden verlassene Gebäude schnell neu genutzt. Bis auf eines der wenigen, das Sie hier im Buch finden. Statt leerer Gebäude begegnen Ihnen verlassene Luftschutzbunker aus dem Zweiten Weltkrieg, ein Atombunker aus der Zeit des Kalten Krieges, Munitionsbunker und andere Hinterlassenschaften der US Army im sogenannten Panzerwald, dazu vergessene Denkmäler, die keiner beachtet, grausame Hinrichtungen sowie historische Morde.

Vielleicht bieten die 33 Orte Ihnen Inspiration, Ihre Heimat auf eine völlig neue Weise kennenzulernen. Wenn Sie noch nie in Heidelberg waren, schauen Sie sich anstelle des weltberühmten Schlosses die Thingstätte an oder einen unterirdischen Gang auf dem Dilsberg. Und wenn Sie Mannheim besuchen, erkunden Sie es zur Abwechslung von unten anstatt von oben.
Ich wünsche Ihnen viel Spaß beim Entdecken der Orte und vielleicht auch beim Gruseln an diversen Stätten an nebligen Herbsttagen.

Zeitreise im Hochbunker
aus dem Zweiten Weltkrieg

VERHALTENSREGELN FÜR LOST PLACES

1. Behandeln Sie die Orte mit Respekt

Jedes Bauwerk und jedes Gebäude erzählen eine Geschichte aus vergangenen Tagen Dies gilt es zu schützen. Und auch wenn es teilweise nicht so aussieht, aber jeder dieser Lost Places hat einen Eigentümer. Das sollte respektiert werden. Das beinhaltet vor allen Dingen, dass nichts zerstört oder gewaltsam geöffnet wird. Sind Fenster oder Türen verschlossen, sollte das auch so bleiben. Gehen Sie respektvoll mit dem Ort um.

2. Nehmen Sie nichts mit, lassen Sie nichts da

Wenn Sie etwas von einem Lost Place mitnehmen, und sei es noch so klein, ist es Diebstahl. Wie bereits in Punkt 1 gesagt, alle diese Orte haben einen Eigentümer. Daher gilt die Regel: Alles bleibt, wie es ist. Belassen Sie es bei den schönen Einblicken und Fotos, die Sie an dem Ort machen. Gleiches gilt auch umgekehrt: Lassen Sie nichts liegen. Keine Essensreste, keine Kaugummis, keine Kippenstummel.

3. Rauchen verboten

Das bringt uns zum nächsten Punkt: Rauchen verboten. Zollen Sie dem ehrwürdigen Ort Respekt und verzichten Sie für die Zeit, die Sie da sind, auf Rauchen. Kippenstummel brauchen nicht nur 15 Jahre zum Verrotten (sie sollten übrigens nirgends achtlos weggeworfen werden), sondern können schnell ein Feuer verursachen.

4. Keine Graffiti

Dass Sie nichts hinterlassen sollen, gilt auch für Kunstwerke an den Wänden. Man sprüht nicht auf fremdes Eigentum, sei es noch so schön. Lassen Sie die Wände wie Sie sind, sodass Menschen nach Ihnen den Ort so erleben können, wie er früher einmal war.

5. Seien Sie vorsichtig

Vorsicht ist besser als Nachsicht. Das gilt vor allem bei Lost Places. Marodes Holz, verrostete Geländer, einsturzgefährdete Decken, lockere Böden (teilweise befinden sich noch Kellergeschosse darunter), eingeschlagene Fenster – die Liste der Gefahren solcher Orte ist lang. Seien Sie daher immer wachsam. Begeben Sie sich niemals in Gefahr für das eine Foto. Das ist es nicht wert. Treppen und obere Etagen sind eine gängige Gefahrenquelle. Schauen Sie sich den Zustand der Treppe und der Decke genau an. Nehmen Sie auch eine Taschenlampe für dunkle Räume und Keller mit.

6. Gehen Sie nicht allein

Es ist ratsam, immer mindestens zu zweit, besser noch zu dritt, einen Lost Place zu besuchen. Da gilt die alte Regel: Ist eine Person verletzt, bleibt die zweite vor Ort und die dritte holt Hilfe. Zudem weiß man nie, wen man vor Ort trifft. Plünderer, Spinner und besoffene Jugendliche sind auch oft in Lost Places anzutreffen. Da ist es beruhigender, nicht allein unterwegs zu sein.

7. Erregen Sie kein Aufsehen

Da die Lost Places in Privatbesitz sind, gilt auch hier »Betreten verboten«. Auch, wenn das Tor angelweit aufsteht oder ein riesiges Loch im Zaun ist. Ebenso ist es ratsam, sein Auto nicht direkt vor dem Gelände zu parken. Schauen Sie beim Betreten des Geländes auch immer, dass Sie niemand sieht. So vermeiden Sie unerwünschte Begegnungen und mögliche Konfrontationen mit der Polizei.

Ausrüstung

Wir empfehlen Folgendes:

- Festes Schuhwerk, hohe Socken (Schutz vor Zecken)
- Reißfeste Kleidung, ggf. leichte Regenjacke
- Kamera inkl. Zusatzakku, Speicherkarten, Stativ
- Proviant und Getränke (nehmen Sie aber alles wieder mit)
- Kopf- oder Stirnlampe für freie Hände
- Taschenlampe mit weitem Winkel für Keller und dunkle Räume
- Taschenmesser
- Aufgeladenes Handy (ggf. Powerbank)
- Notizblock und Stift
- Pflaster und Taschentücher für Verletzungen
- Mücken- und Zeckenspray

Dachlose Gedenkhalle auf dem Ehrenfriedhof

HEIDELBERG

1

MORD AM SCHOTTISCHEN SCHULMEISTER

Zur falschen Zeit am falschen Ort

Auf dem idyllischen Fleckchen Erde zwischen Heiligenberg und Zollstock wurde am 30. Juli 1905 der Lehrer Thomas Read aus Paisley in den schottischen Lowlands mit einem Revolverschuss getötet und ausgeraubt.

Zollstock, Heiligenberg **Ort** 69121 Heidelberg **GPS** 49.4290752, 8.7151803
Anfahrt Auto: über die Handschuhsheimer Landstraße/B3, Mühltalstraße und Waldweg zum Wanderparkplatz Heiligenberg und dann zu Fuß weiter. Zu Fuß: über Schlangen- und Philosophenweg bis Heiligenberg

Garantiert passierte der Lehrer vor seinem Tod den keltischen Ringwall.

KEIN GEDENKSTEIN, KEIN KREUZ Nichts erinnert daran, dass hier im frühen 20. Jahrhundert ein Österreicher einen Schotten aus Habgier tötete. Beide waren Reisende und weilten nur kurz in Heidelberg. Dass der gerade 20 Jahre alt gewordene gebürtige Wiener Arnold Sippel an jenem heißen Sommertag zum Mörder werden würde, wusste er am Morgen, als er aufstand, selbst noch nicht. Auch Thomas Reid ahnte wohl kaum, dass dies sein letzter Tag auf Erden sein würde. Der 41-jährige Schotte war am 14. Juli 1905 mit dem Schiff von Leith nach Antwerpen und dann mit dem Fahrrad über Brüssel, Lüttich, Aachen, Köln nach Mainz gefahren und am 29. Juli in Heidelberg eingetroffen. Von hier aus plante er eine Radtour durch den Schwarzwald und wollte dazu am 31. Juli nach Baden-Baden reisen, wie er auf einer Postkarte aus Heidelberg an seinen Bruder in Schottland schrieb. Am Vormittag des 30. Juli verließ er sein Hotel in der Bergheimer Straße und ward danach nicht mehr gesehen. Als seine Geschwister nichts von ihm hörten, schrieb sein Bruder John an den Heidelberger Bürgermeister und bat ihn um Hilfe. Umgehend wurden polizeiliche Ermittlungen und die Suche nach dem Vermissten eingeleitet. Man fand heraus, dass er vom 29. auf den 30. Juli im damaligen Gasthof Rheingold übernachtet hatte und gegen 10 Uhr zu einer Wanderung aufgebrochen war. Wohin, wusste allerdings niemand. Reids Gepäck samt Fahrrad und Fahrradanzug sowie Briefe und Karten befanden sich noch im Gasthof. Warum der Inhaber den verschollenen Gast nicht sofort als vermisst gemeldet hatte, ist nicht bekannt. Die Polizei suchte die Hügel südlich und nördlich von Heidelberg sowie den Schlossgraben ab, jedoch ohne Erfolg. John Reids Familie setzte eine Belohnung von 5000 Mark aus, aber niemand konnte einen Hinweis auf den Verbleib des Lehrers geben.

War der Blick auf Heidelberg das letzte Bild, das Reid sah?

EIN HALBES JAHR VOLLER UNGEWISSHEIT Erst als am 16. Januar 1906 der arbeitslose Schriftsetzer Arnold Sippel in Nago (Trentino) wegen »Bettelns von Haus zu Haus« verhaftet wurde, lichtete sich das Dunkel. Als er im Gefängnis durchsucht wurde, fand man in seinen Taschen den Reisepass Thomas Reids, eine silberne Taschenuhr mit Kette, in dessen Deckel sich ein Zettel mit dem Namen des Uhrmachers in Paisley befand, eine Schifffahrkarte auf Reids Namen, ein englisch-deutsches Wörterbuch, Tagebuchblätter in englischer Sprache mit einer Beschreibung des Heiligenbergs vom 30. Juli 1905 sowie andere Dinge, die Reid gehörten. Sippel behauptete, die Sachen im August 1905 in Straßburg von einem Handwerksburschen erworben zu haben. Er gab zu, vom 24. Juli bis zum 5. August zusammen mit seiner Geliebten Zenzi Mika in Heidelberg gewesen zu sein und behauptete, dort beim Hazardspiel 500 Mark gewonnen zu haben. Dass im fernen Heidelberg ein gewisser Thomas Reid vermisst wurde, war den Österreichern nicht bekannt. Weil sie Sippel aber des Diebstahls an Reids Sachen bezichtigten, überstellten sie ihn ans Bezirksgericht Riva. Da einige der gestohlenen Dinge Reids auf Heidelberg hinwiesen, wandte man sich telegrafisch an die Staatsanwaltschaft Heidelberg, die daraufhin den Amtsanwalt Karl Hellinger zur Aufklärung der Sache nach Riva entsandte.

DIE SACHEN DES VERMISSTEN Mittlerweile hatte die Polizei in Sippels letzter bekannter Unterkunft in Bozen die dort zurückgelassenen Sachen beschlagnahmt. Darunter »Murray's Diary« in englischer Sprache, Thomas Reids Kleidung, ein Geldtäschchen mit britischem Kleingeld sowie der Revolver, mit dem, wie sich später herausstellte, Reid erschossen worden war. Sippel blieb dabei, dass er alles auf legale Weise in Straßburg erworben hatte. Er wurde ans Kreisgericht Feldkirch überstellt, wo die Voruntersuchung wegen Raubmords eingeleitet wurde. Gleichzeitig leitete man am Badischen Landgericht Heidelberg eine Voruntersuchung gegen Zenzi Mika wegen Hehlerei ein.

DER MÖRDER UND SEINE MITWISSERIN

Arnold Sippel, der in St. Pölten und Linz das Druckhandwerk erlernt hatte und danach in einer Druckerei in Linz beschäftigt war, lernte 1904 die dort ebenfalls beschäftigte Zenzi Mika kennen und begann ein Verhältnis mit ihr. Diese soll einen negativen Einfluss auf ihn ausgeübt haben, denn der früher stets tadellose und fleißige Sippel wurde wenig später wegen »Faulheit und frechen Benehmens« fristlos entlassen. Am 10. Juli 1905 fuhr Zenzi zu ihrer Ziehschwester nach Heidelberg, die damals als Kellnerin in der heute nicht mehr existierenden »Wirtschaft zur Philosophenhöhe« arbeitete.

Schon tags darauf machte sich auch Sippel auf den Weg nach Heidelberg und legte den größten Teil der Strecke zu Fuß zurück. Zum Schutz für unterwegs hatte er einen Revolver mitgenommen. Er kam am Abend des 24. Juli in der Neckarstadt an und mietete sich in der Wirtschaft zur Reichskrone ein. In den nächsten Tagen versuchte er Arbeit in einer Buchdruckerei zu finden, blieb aber erfolglos. In seiner Kleidung, die während der langen Reise gelitten hatte, machte er keinen guten Eindruck. Dann plötzlich, am 30. Juli mittags, trug er einen guten Anzug, hatte Geld und zeigte sich spendabel.

Wahrscheinlich wanderte Reid auf diesem Weg zum Zollstock.

Wenige Tage später reiste er mit Zenzi in die Schweiz, wo die beiden 500 Mark, damals ein kleines Vermögen, verjubelten.

DAS MORDGESTÄNDNIS Als kein Geld mehr übrig war, fuhr das Pärchen Anfang November über Bregenz nach Innsbruck, wo Zenzi eine Stelle in einer Buchdruckerei fand. Sippel zog weiter nach Bozen, Zenzi folgte ihm an Weihnachten, kehrte nach dessen Verhaftung im Januar allerdings nach Heidelberg zurück. Dort sagte sie am 14. Februar 1906 vor dem Untersuchungsrichter unter heftigem Weinen aus, dass Sippel ihr bereits am Abend des 30. Juli den Mord an Thomas Reid gestanden hätte. Als der Beschuldigte erfuhr, dass seine Mitwisserin verhaftet worden war, gestand er die Tat – noch bevor er wissen konnte, dass diese bereits gestanden hatte.

Arnold Sippel schilderte die Tat wie folgt: Am Vormittag des 30. Juli 1905 war er über den Schlangen- und Philosophenweg zum Heiligenberg hinaufgewandert und dort auf den Aussichtsturm gestiegen. Als er hinunterschaute, sah er den Schotten am Fuß des Turms auf einer Bank sitzen. Wenig später, beim »Gange zum Zollstock, dort, wo der Weg sich um die Ruine biegt, kam er hinter jenem, der im Baedeker auf einer Geröllhalde sitzend las, vorbei«, so der Bericht in den Innsbrucker Nachrichten. Mordabsichten hatte er da angeblich noch keine. Sippel hielt sich kurz in der Zollstockhütte auf und ging danach wieder Richtung Heiligenberg, wo er Reid erneut begegnete. Die Gegend war menschenleer.

DER TODESSCHUSS Sippel, der einen geladenen Revolver in der Jackentasche hatte, beschloss kurzerhand, den Schotten zu erschießen und ihn auszurauben. Er wartete, bis dieser an ihm vorbeigegangen war, drehte sich um und schoss ihm aus nächster Nähe in den Rücken. Reid »stieß einen Seufzer aus, setzte sich auf den Boden und lehnte sich mit dem Rücken an die Böschung«, so die Schilderung des Mörders, der sich nach dem Schuss im Gebüsch versteckte und sich vergewisserte, dass niemand in der Nähe war. Dann zog er den leblosen Reid in die Büsche, raubte ihn bis auf die Unterwäsche aus und schlüpfte in die Kleidung des Schotten. Den toten Körper bedeckte er anschließend mit Laub. Auf dem Weg hinunter in die Stadt zählte Sippel das geraubte Geld. Es waren »Elf Einpfundstücke, eine Note zu 5 Pfund Sterling, 2 Stück zu 20 Franken, eine Note zu 100 Mark und 10 bis 12 Mark in Silber, zusammen rund 550 Kronen«. Am nächsten Tag kehrte der Mörder an den Tatort zurück, um seine dort zurückgelassene Kleidung zu holen, und am dritten Tag nach dem Mord wollte er sich nochmals vergewissern, ob er auch tatsächlich alles vom Toten

Standen ähnliche Wegweiser bereits an Ort und Stelle, als Reid zum Zollstock wanderte?

Alter Grenzstein zwischen den Stadtteilen Handschuhsheim und Neuenheim

mitgenommen hatte, sodass nichts auf dessen Identität hinweisen würde. An welcher Stelle zwischen Zollstock und Heiligenberg der Mord geschah, lässt sich heute nicht mehr eruieren.

DER FUND DES LEICHNAMS Die Heidelberger Polizei fand die Überreste Reids am 6. März 1906 an der Stelle, die Arnold Sippel beschrieben hatte. Laut Gutachten von zwei ärztlichen Sachverständigen hatte die Revolverkugel die Aorta getroffen, was zum sofortigen Tod des Schotten führte.
»Die Tat qualifiziert sich vor dem Gesetze zum Verbrechen des meuchlerischen Raubmordes, auf dem die Todesstrafe steht«, schrieben die Innsbrucker Nachrichten am 7. Juni 1906. Zwei Tage später wurde Arnold Sippel zu 20 Jahren Zuchthaus verurteilt. Thomas Reids Überreste wurden am 8. März 1906 auf einem Heidelberger Friedhof beigesetzt – auf welchem, ist nicht bekannt.

Das besondere Erlebnis

Wanderung auf dem Keltenrundweg. Auf dem Heiligenberg befinden sich Reste von zwei keltischen Ringmauern, die vor mehreren tausend Jahren rings um die Bergkuppe angelegt wurden. Beide sind nur noch als Wälle erhalten. Der Weg, der durch zwei blaue konzentrische Kreise markiert ist, führt um den Heiligenberg herum und folgt dem Inneren Ringwall. Unterwegs sieht man immer wieder aufgestellte Steine, so zum Beispiel am Weg hinter dem Michaelskloster den Stein mit der Aufschrift »Tor innerer Ringwall«. Hier befand sich in keltischer Zeit ein Zugang zum Berg.

Vor über 80 Jahren Schauplatz von Propagandaveranstaltungen

2

DIE FREILICHTBÜHNE AUS DUNKLER ZEIT

Thingstätte Heidelberg

Mit dem Bau der monumentalen Freilichtbühne auf dem Heiligenberg hatten die Nationalsozialisten große Pläne, aber das kulturelle Großvorhaben ging schief. Das Wort »Thing« wurde schon wenige Monate nach der Eröffnung mit einem Tabu belegt und auch sonst verlor man bald das Interesse.

Thingstätte **Ort** 69121 Heidelberg **GPS** 49.4239412, 8.7041934 **Anfahrt** Auto: über die Handschuhsheimer Landstraße/B3, Mühltalstraße und Waldweg zum Wanderparkplatz Heiligenberg und dann zu Fuß weiter. Zu Fuß: über Schlangen- und Philosophenweg

KULTURERBE MIT DUNKLER VERGANGENHEIT An düsteren Herbsttagen, wenn dunkle Wolken über den Himmel jagen oder Novembernebel den Heiligenberg einhüllt, wirkt die gigantische Anlage mitten im Wald fast gespenstisch. Als Reichspropagandaminister Joseph Goebbels sie am Abend des 22. Juni 1935 im Rahmen einer Sonnenwendfeier einweihte, sagte er: »In diesem monumentalen Bau haben wir unserem Stil und unserer Lebensauffassung einen lebendigen plastischen und monumentalen Ausdruck gegeben. (...) Diese Stätten sind in Wirklichkeit die Landtage unserer Zeit. (...) Es wird einmal der Tag kommen, wo das deutsche Volk zu diesen steinernen Stätten wandelt, um sich auf ihnen in kultischen Spielen zu seinem unvergänglichen neuen Leben zu bekennen.« Mehr als 20 000 Menschen waren zur Einweihungsfeier gekommen – die Thingstätte sollte danach nie wieder eine solche Menschenmasse an einem einzigen Tag erleben.

THINGBEWEGUNG Die Bewegung ging aus einer Laientheaterbewegung hervor, deren vier Hauptinitiatoren Wilhelm Karl Gerst, Architekt und Journalist, Hans Brandenburg, Schriftsteller, Hanns Niedecken-Gebhard, Regisseur und Carl Niessen, Theaterwissenschaftler, mit dem Nationalsozialismus ursprünglich nichts am Hut hatten. Ihr Ziel war es, das Freilichtspiel als Volkstheater wiederzubeleben. Niessen prägte den Begriff »Thingspiel« in Anlehnung an das Wort »Thing« – so nannten die Germanen ihre Volksversammlungen unter freiem Himmel. Gerst gründete Ende 1932 den »Reichsbund für deutsche Freilicht- und Volksschauspiele« und fand nach der Machtergreifung der Nationalsozialisten wenige Wochen später einflussreiche Förderer, allen voran Joseph Goebbels, der von der »Thing-Idee« so begeistert war, dass er reichsweit gleich 400 Thingstätten plante. Dabei dachte er weniger an Freilichtspiele als an gigantische Propagandaveranstaltungen. In Heidelberg, wo Goebbels 1922 zum Dr. phil. promoviert worden war, wählte man für den Bau am südlichen Hang des Heiligenbergs einen Platz, der als vermeintliche germanische Kultstätte galt. Einen Beweis dafür gab es nie. Tatsächlich soll sich dort einst eine keltische Großsiedlung befunden haben.

BAU DER STÄTTE Die Grundsteinlegung erfolgte am 30. Mai 1934. Die von Architekt Hermann Reinhard Alker in Form eines Amphitheaters gestaltete Anlage sollte in nur drei Monaten von 1200 Arbeitern des Reichsarbeiterdienstes aus dem Boden gestampft werden. Daraus wurde jedoch nichts. Zum einen kam es aufgrund des felsigen Untergrunds, der Sprengungen notwendig machte, zu Verzögerungen, zum anderen zum Streik der ebenfalls beim Bau

Das verwitterte Gemäuer der Thingstätte

Eingangsbereich hinter der Bühne

Treppen flankieren die alte Bühne.

beschäftigten Notstandsarbeiter, die sich weigerten, nachts ohne Mehrbezahlung zu arbeiten und 30 Prozent mehr Lohn forderten. Als die Anlage nach zwölfmonatiger Bauzeit stand, umfasste sie 56 schräg ansteigende Zuschauerreihen mit ca. 8000 Sitz- und 5000 Stehplätzen, breite Aufmarschrampen sowie zwei Flaggentürme für Beleuchtung und Ton. Seinerzeit galt die Ton- und Lichtanlage als technisches Wunderwerk und die Heidelberger Thingstätte als schönste und als Modell für weitere Anlagen im Reich. Der Propagandaminister nannte sie eine Stätte des »steingewordenen Nationalsozialismus«. Lange hielt seine Begeisterung allerdings nicht an.

INSZENIERUNG DES FÜHRERKULTS Die Thingspiele, die aufgeführt wurden, dienten der Propaganda und hatten Titel wie »Das Oratorium der Arbeit« und »Der Weg ins Reich«. Es wurden »völkische Feierstunden« und Fahnenweihen der Hitlerjugend zelebriert, Sonnenwendfeste gefeiert, aber vor allem fanden Aufmärsche und Massenkundgebungen statt, die zur Umerziehung in einen »neuen deutschen Menschen« dienen sollten. Die Massen, die sich die Nationalsozialisten nach der monumentalen Eröffnungsfeier erhofft hatten, blieben aus. Einerseits konnten sich viele für die langatmigen und monotonen Thingspiele nicht begeistern, andererseits bot die Thingstätte keinen Schutz vor schlechtem Wetter und weit und breit gab es nichts, wohin man sich bei Regen, Donner und Blitz hätte flüchten können. Und dass der Weg hinauf ohne fahrbaren Untersatz mühsam war, mag auch eine Rolle gespielt haben. Im Oktober 1935 (in anderen Quellen 1936) belegte Goebbels den Begriff »Thing« in einem Geheimerlass mit einem Tabu und die Thingstätte wurde in »Feierstätte Heiligenberg« umbenannt. Die Thingbewegung fand ein jähes Ende – nach dem Warum traute sich keiner zu fragen und bis heute ist nicht klar, was zum Ende der Bewegung führte. Sonnenwendfeiern fanden bis Kriegsbeginn statt, 1941/42 wurde die Stätte als Flakstellung genutzt. Von den 400 geplanten Thingstätten sollen zwischen 60 und 70 gebaut worden sein, von denen heute nur noch wenige bestehen.

NACHKRIEGSZEIT Nach dem Krieg hatte die Stadt mit der Thingstätte nichts mehr am Hut, die in Heidelberg stationierten Amerikaner um so mehr. Sie veranstalteten auf der imposanten Anlage Jazzkonzerte, feierten Ostergottesdienste und Sonnenwendfeiern. Ab den 1970er-Jahren wurde die Thingstätte auch von den Heidelbergern wieder vermehrt für Konzerte und andere Veranstaltungen genutzt. So fand im August 1970 auf der Anlage ein Open-Air-Festival mit The Wedge und der Krautrockband Guru Guru statt, im Sommer 1987 erklang Beethovens Neunte und im Juni 1995 sang Montserrat Caballé Opernarien. Aufgrund der schwierigen Zufahrtswege und fehlenden sanitären Anlagen war den Konzerten jedoch keine Zukunft beschieden.

FATALE WALPURGISNACHT Seit den 1980er-Jahren zogen in der Walpurgisnacht zum 1. Mai jährlich bis zu 15 000 Menschen hinauf zur Thingstätte und feierten Feste, die von der Stadt zwar nicht genehmigt, aber auch nicht verboten waren. Als Beleuchtung dienten Holzfeuer, was letztendlich zum Verhängnis wurde. Während der Walpurgisfeier 2017 kam es zu einem Waldbrand, was einen Feuerwehreinsatz mit 12 Fahrzeugen und 50 Feuerwehrleuten notwendig machte. Zudem gab es einen Schwerverletzten – ein 25-Jähriger war auf dem Nachhauseweg am Bismarcksäulenweg einen Abhang hinuntergestürzt. Für die Rettungskräfte gestaltete sich die Bergung auf dem unbeleuchteten und unwegsamen Gelände schwierig. Die Stadt zog Konsequenzen, verbietet aufgrund unkalkulierbarer Risiken seitdem Walpurgisfeiern und zäunt die unter Denkmalschutz stehende Thingstätte zur Walpurgisnacht ein, Bewachung inklusive.

Das besondere Erlebnis

Einen Katzensprung von der Thingstätte entfernt liegen die Ruinen des Stephanklosters aus dem 11. Jahrhundert. Der Heiligenbergturm am Rande der Ruinen wurde 1895 aus den verbliebenen Steinen des Klosters gebaut. Von der Aussichtsplattform bietet sich ein herrlicher Blick auf das Schloss, den Königstuhl und ins Neckartal.

Das Eingangstor zu der monumentalen Freilichtbühne

3

STÄTTE DER UMGEBETTETEN GEFALLENEN

Ehrenfriedhof

Die Begräbnis- und Gedenkstätte mitten im Wald ist neben der Thingstätte das zweite monumentale Überbleibsel aus der Zeit des Nationalsozialismus in Heidelberg.

Ehrenfriedhof **Ort** Promenadenweg, 691117 Heidelberg. **GPS** 49.3937577, 8.6975733
Anfahrt Auto: über den Steigerweg. ÖPNV: Bus 39 ab Bismarckplatz bis Haltestelle Bierhelderhof, dann ca. 900 Meter zu Fuß

Die runde Gedenkhalle führt zum Waldfriedhof.

WOHIN MIT DEN GEBEINEN? Kaum hatte man im Neuenheimer Feld mit der Planung und Erschließung eines neuen Zentralfriedhofs begonnen, brach wenige Monate später der Erste Weltkrieg aus. So bestattete man auf dem halbfertigen Friedhof zunächst ausschließlich die in hiesigen Lazaretten verstorbenen Soldaten sowie Heidelberger, die an der Front gefallen waren und nun in ihre Heimatstadt überführt wurden. Bei Kriegsende zählte der Friedhof knapp 600 Soldatengräber, darunter auch Franzosen, Russen, Engländer und Italiener. Diese wurden, bis auf die Russen, später in ihre Heimatländer überführt. Nach dem Krieg wurden die Pläne für einen neuen Zentralfriedhof verworfen, denn das Gelände sollte anderweitig genutzt werden. Als in den 1920er-Jahren der Seitenkanal des Neckars sowie das Stauwehr Wieblingen und die Schleuse Schwabenheim entstanden, stieg der Grundwasserspiegel in den ufernahen Arealen in einem Maße, dass auf dem Friedhofsgelände keine Bestattungen mehr stattfinden konnten. Eine neue Ruhestätte musste her, in die man die sterblichen Überreste der Soldaten umbetten konnte. Möglichst eine, die was hermachte. Die Wahl fiel auf den Ameisenbuckel, einen vorgelagerten Hügel am Westhang des Königstuhls, hoch über dem Bergfriedhof. Auf dem ehemaligen Friedhofsgelände im Neuenheimer Feld wurde im November 1934 der Heidelberger Zoo eröffnet – Haupteingang und Tor des Friedhofs wurden bis heute beibehalten.

BAU DER MONUMENTALEN BEGRÄBNISSTÄTTE Geplant war ein neuer Soldatenfriedhof bereits 1925, aber bis man endlich einen geeigneten Standort gefunden hatte und sich einig war, waren in Deutschland politisch neue Zeiten angebrochen. So kam es, dass der Heidelberger Gemeinderat im Mai 1933 den Bau des ersten Ehrenfriedhofs im nationalsozialistischen Deutschland beschloss. Dazu wurde an der höchsten Stelle des dicht bewaldeten Ameisenbuckels eine breite, rechteckige Waldschneise geschlagen – allein die Rodungsarbeiten dauerten mehrere Monate. Für die Anlage des Friedhofs wurden 8500 Quadratmeter Rasenflächen angelegt und mehrere hundert Bäume gepflanzt. Die Grab- und Ehrenmäler, Mauern und Bodenplatten entstanden aus Buntsandstein, der vor Ort gewonnen und verarbeitet wurde. Die ca. 450 Meter lange, streng symmetrische Anlage, die als Aufmarschgelände konzipiert wurde, endet in einer apsisartig vorspringenden Aussichtsterrasse zum Tal, auf der ein monumentaler sarkophagähnlicher Steinblock steht. An dessen Front prangte seinerzeit ein Hakenkreuz, das nach dem Krieg entfernt und durch die Worte »Zum Gedenken an die Opfer von Kriegen, Gewalt und Unrecht in aller Welt« ersetzt wurde.

Gräber der umgebetteten Gefallenen

AUFMARSCH DER TOTEN Die Überführung der Gebeine von über 500 Gefallenen des Ersten Weltkriegs begann am 28. Oktober 1934, dem Sonntag vor Allerseelen. Bestattet wurden sie entlang der Anlage, die seitlich von je zehn großen Sandsteinblöcken begrenzt wird, auf denen sich die 2132 Namen der Heidelberger Opfer des Ersten Weltkriegs befinden. Die Gräber der umgebetteten Gefallenen liegen hinter den Steinblöcken in je vier Reihen und sind durch Sandsteinkreuze mit Namen, Dienstgrad, Alter und Todesdatum der Soldaten gekennzeichnet. »Wir grüßen die Toten des großen Krieges, wir grüßen die Toten des nationalsozialistischen Deutschlands. Ihre Leiber gehören der Mutter Erde, ihr Geist gehört unserem jungen nationalsozialistischen Deutschland«, so Gauleiter Robert Wagner bei der Einweihungsfeier.

In dem Sandsteinblock sind Namen gefallener Soldaten eingraviert.

1940 plante man eine Erweiterung des Friedhofs, die allerdings erst nach dem Krieg in Angriff genommen und im Waldgelände südwestlich der Anlage angelegt wurde. Der neue Teil des Ehrenfriedhofs, der über 800 umgebettete Soldaten beherbergt, wurde im August 1953 eingeweiht. Zum Waldfriedhof führt eine kreisrunde Gedenkhalle ohne Dach aus Sandstein mit einem Relief des Erzengels Michael, der mit einem Drachen kämpft. Die Stadt Heidelberg hielt jahrelang am Volkstrauertag auf dem Ehrenfriedhof eine Gedenkveranstaltung ab mit Vertretern der Bundeswehr, der US Army sowie dem Verband der Kriegs- und Wehrdienstopfer. Die Kranzniederlegungen zum Gedenken an die gefallenen Soldaten beider Weltkriege finden seit ein paar Jahren auf dem Bergfriedhof statt.

Das besondere Erlebnis

Schauen Sie sich auch den Bergfriedhof an, der unterhalb des Ehrenfriedhofs liegt. Der parkähnliche, 1844 eröffnete Friedhof in Hanglage und mit wunderschönem altem Baumbestand verfügt über ein Wegenetz von über 20 Kilometern Länge. Hier fanden zahlreiche bedeutende Persönlichkeiten ihre letzte Ruhestätte, so Friedrich Ebert, erster Reichspräsident der Weimarer Republik, Chemie-Nobelpreisträger Carl Bosch, der Dirigent und Komponist Wilhelm Furtwängler, die Schriftstellerin Hilde Domin und viele andere.

Düster und unheimlich wirkt das Gräberfeld an nebeligen Herbsttagen.

Der Klotz am Ende der Schiene symbolisiert die Endstation des Grauens.

4

DER WEG IN DEN VORHOF ZUR HÖLLE

Das ehemalige Gleis 1a

An der heutigen Schwanenteichanlage befand sich bis 1955 der alte Heidelberger Hauptbahnhof. Von hier starteten vor über 80 Jahren Sonderzüge ins Internierungslager Gurs in Frankreich.

Kurfürsten-Anlage (an der Stadtbücherei) **Ort** 69115 Heidelberg **GPS** 49.4061913, 8.6886969
Anfahrt Auto: Parkhaus Poststraße. ÖPNV: mit Bus oder Straßenbahn bis Haltestelle Stadtbücherei

DARK PLACE, DIESE IDYLLISCHE GRÜNANLAGE? Nicht auf den ersten Blick. Aber während der dunkelsten Epoche der deutschen Geschichte begann an diesem Ort für 299 Frauen, Männer und Kinder die Reise in den Vorhof zur Hölle. Am Dienstag, dem 22. Oktober 1940, zwang die Gestapo sie in einen Sonderzug auf Gleis 1a des damaligen Hauptbahnhofs, der die Stadt Richtung Frankreich verließ. Dort, wo sich das besagte Gleis befand, steht heute ein Gedenkstein, vor dem sich Schienen und Gleisschotter befinden. Die exakte Lage von Gleis 1a konnte mithilfe des städtischen Vermessungsamts festgestellt werden.

DEPORTATION Im Rahmen der »Wagner-Bürckel-Aktion« wurden am 22. und 23. Oktober 1940 über 6500 Menschen jüdischen Glaubens aus Baden und der Saarpfalz in das französische Internierungslager Gurs deportiert. Mit Stiefelgetrampel und lautem Klopfen erschienen in den frühen Morgenstunden Gestapobeamte an den Haustüren jüdischer Bürger und forderten sie auf, das Nötigste zu packen und sich innerhalb einer halben Stunde zum Abtransport bereit zu machen. 50 Kilogramm Gepäck und 100 Reichsmark durfte jeder mitnehmen. Die Menschen wurden zur Sammelstelle auf dem Marktplatz gebracht, wo sie Wohnungsschlüssel aushändigen sowie Kontovollmachten und Verzichtserklärungen unterschreiben mussten. Die Wohnungen wurden von der Gestapo nach Wertgegenständen durchsucht und versiegelt. Was diese sich nicht selbst aneignete, wurde später öffentlich versteigert. Sieben Sonderzüge nach Frankreich

Das Denkmal steht dort, wo früher Züge ratterten.

starteten an diesem und am nächsten Tag in Baden, einer davon in Heidelberg auf Gleis 1a. Drei Tage lang rollten die Züge nach Oloron-Sainte-Marie am Fuß der Pyrenäen. An der dortigen Bahnstation wurden die Menschen auf Lastwagen verladen und ins Lager »Camp de Gurs« gebracht, das von den Franzosen im April 1939 zunächst zur provisorischen Unterbringung von spanischen Bürgerkriegsflüchtlingen errichtet worden war. Zwischen April und Ende August 1939 waren mehr als 24 500 Spanier im Lager untergebracht, von denen die meisten nach Lateinamerika emigrierten. Ab Mai 1940 wurden französische Kommunisten, Sozialisten, Gewerkschafter und »unerwünschte« Ausländer, darunter auch Hannah Arendt, in Gurs interniert.

GURS – DER VORHOF ZUR HÖLLE Das Lager auf einem Hochplateau rund 50 Kilometer vor der spanischen Grenze bestand aus 400 schlichten Holzbaracken von 24 Metern Länge und 6 Metern Breite, die pro Unterkunft Platz für 60 Menschen boten. Möbel gab es keine, als Betten dienten Strohsäcke. Als die Deportierten aus Baden und der Saarpfalz im Oktober 1940 im Lager ankamen, goss es in Strömen. Das Areal glich einem riesigen Schlammloch, die Baracken waren unbeheizt, eiskalter Wind pfiff durch die Ritzen. Für die Menschen begann ein Martyrium. Zu essen gab es nur wenig, viele starben an Unterernährung. Für die meisten Deportierten war Gurs nur eine Zwischenstation – im August 1942 begannen die Transporte nach Auschwitz. Über ein Drittel der aus Heidelberg deportierten Juden fanden in Gurs oder in den Vernichtungslagern des Ostens den Tod, 54 gelang die Flucht aus Gurs, 15 Überlebende kehrten nach dem Krieg nach Heidelberg zurück.

Die nach den Gauleitern Robert Wagner (Baden) und Josef Bürckel (Saarpfalz) benannte Aktion war die erste große organisierte Deportation deutscher Juden im Dritten Reich. Wagner und Bürckel brüsteten sich damit, ihre »Territorien« als erste im Deutschen Reich für »judenfrei« erklärt zu haben. Das Mahnmal zum Gedenken an die Deportation der Heidelberger Juden nach Gurs wurde am 30. Juli 2014 eingeweiht.

Das besondere Erlebnis

In der Stadtbücherei gibt es eine kleine Dauerausstellung zur Geschichte der Juden in Heidelberg bis zu ihrer Deportation sowie über das Lager Gurs. Das Regal mit der Ausstellung befindet sich an der Information vorbei links. Dort ist auch »Das Lied von Gurs« ausgestellt. »... In den Basses-Pyrénéen gibt es einen Ort, wo Baracken nur stehen, kein Baum steht dort. Dort kommt nur der hinein, der kein Recht hat, auf der Welt zu sein. Und wer den Ort betrat, den trennt von der Welt dein Stacheldraht ...«. Komponist des Liedes war der Österreicher Leonhard Märker, der nach Kriegsbeginn 1939 in Frankreich als feindlicher Ausländer in Gurs interniert wurde und drei Jahre später in die USA emigrierte.

5

DIE MYSTERIÖSE MACHT DES HEILIGEN

St. Nikolaus Bildstock

Die vergitterte Statue erinnert daran, dass der Heilige Nikolaus an dieser Stelle im 18. Jahrhundert ein Wunder bewirkt haben soll – sich an anderer Stelle aber durchaus rachsüchtig zeigte.

Oberer Sankt Nikolausweg **Ort** 69117 Heidelberg. **GPS** 49.381629, 8.721588
Anfahrt Auto/ÖPNV: über Steigerweg zum Wanderparkplatz Drei Eichen oder Bus 39 ab Bismarckplatz. Dort zu Fuß in nordwestliche Richtung über den Gaiberger Weg zum Oberen Sankt Nikolausweg und zur Statue (ab Drei Eichen ca. 260 Meter)

Seit die Statue geköpft wurde, steht sie hinter Gittern.

DONNER UND BLITZ Wahrscheinlich war Sankt Nikolaus der einzige Heilige, der dem Heidelberger Forstmeister Leonardo Schreiber (1691–1772) in einer Unwetternacht im Wald auf die Schnelle einfiel, als heftiger Donner am Himmel grollte. Denn eigentlich ist der hl. Hubertus Schutzpatron der Jäger und Förster. In seiner Not rief der Forstmeister den bekannteren hl. Nikolaus an und flehte um dessen Beistand, sodass ihn kein Blitz treffen möge. Der Heilige schien ihn zu erhören, denn der Blitz schlug in den Baum unmittelbar neben ihm. Aus Dankbarkeit ließ er an besagtem Ort einen kapellenartigen Bildstock aus Sandstein errichten mit der Inschrift »O Heiliger Nicolaus bitt für uns. Auffgebauet von Leonardo Schreiber. Zu der Zeit Stattforstmeister im Jahr 1747«. Der über 2,60 Meter hohe Bildstock steht am Rand des Sankt Nikolauswegs, der damals noch nicht existierte und erst mehr als ein Jahrhundert später angelegt und nach dem Heiligen benannt wurde.

DIE KÖPFUNG DER STATUE Der Legende nach schlugen zwei Bauernburschen aus Gauangelloch eines Nachts aus Übermut und nicht mehr ganz nüchtern dem Heiligen den Kopf ab. Die Strafe von Sankt Nikolaus folgte im Jahr darauf am gleichen Tag und zur Stunde der Missetat. Der Bursche, der dem Heiligen den Kopf abgeschlagen hatte, fiel auf dem heimischen Hof von der Leiter in der Heuscheuer und brach sich das

Dank steinigem Wegweiser kann man die Statue nicht verfehlen.

Holzskulptur des vom Blitz verschonten Forstmeisters

Genick. Vor lauter Angst, dass ihn eine ähnliche Strafe ereilen würde, beichtete sein Kumpan die Tat vom Jahr zuvor und nannte den Namen dessen, der die Statue geköpft hatte. Es ist nicht bekannt, ob er dafür bestraft wurde. In den folgenden Jahrzehnten soll der Bildstock immer wieder beschädigt worden sein.

DAS VERSPRECHEN 140 Jahre später geriet ein Heidelberger Soldat während des Zweiten Weltkriegs an der Ostfront mehrmals in Lebensgefahr. Er rief den hl. Nikolaus an und gelobte, die Statue im Stadtwald mit einem einen neuen Kopf versehen zu lassen, wenn er nur unversehrt wieder nach Hause käme. Das tat er und spendete Geld nicht nur für den Kopf, sondern für eine neue Statue. Diese wurde vom Wieslocher Bildhauer Helmut Waldherr aus einem Sandsteinblock geschaffen, der aus den Trümmern des zerbombten Mannheims stammte. Der neu geschaffene Bildstock wurde im Dezember 1950 von Oberbürgermeister Dr. Hugo Swart eingeweiht. Damit in Zukunft das Haupt des hl. Nikolaus auch tatsächlich dort bleibt, wo es ist, wurde die Nische, in der sich die Statue befindet, durch ein Gitter gesichert. Als im Februar 1990 Orkan Wiebke mit 200 Stundenkilometern durch den Stadtwald fegte und Bäume wie Streichhölzer umknickte, wurde auch der Bildstock unter Baumstämmen begraben. Wundersamerweise blieb er aber unversehrt.

DIE BLITZBANK Gegenüber des Bildstocks, auf der anderen Seite des Weges, steht eine Holzskulptur, welche die Szene der Unwetternacht des Jahres 1747 zeigt. Aus einem Baumstumpf geschnitzt sieht man den Forstmeister Schreiber, der sich verängstigt am Stumpf festhält, während ein hölzerner Blitz in einen niedrigeren Baumstumpf daneben fährt. Die Stümpfe sind durch ein Brett miteinander verbunden, das die Skulptur zu einer Sitzbank macht.

Das besondere Erlebnis

Ein paar Gehminuten weiter entlang des Oberen Sankt Nikolauswegs trifft man auf die »Rätselhafte Schneiderschere«, einen geheimnisvollen Stein, in den eine Schere und eine Inschrift eingemeißelt sind. Der Legende nach soll an dieser Stelle ein Schneider aus Gaiberg ermordet worden sein. Weitere Deutungen werden auf der Infotafel daneben beschrieben.

In der Steinhütte verbirgt sich ein sagenumwobener Schacht.

6

EIN SCHACHT VOLLER RÄTSEL

Das sagenumwobene Heidenloch

Um das Heidenloch auf dem Heiligenberg ranken sich zahlreiche Legenden und Mythen. Wer den 56 Meter tiefen Schacht mitten im Wald gegraben hat und zu welchem Zweck, lässt sich bis heute nicht eindeutig klären.

Heidenloch **Ort** 69121 Heidelberg, nahe Stephanskloster **GPS** 49.4194884, 8.7033893 **Anfahrt** Auto: über die Handschuhsheimer Landstraße/B3, Mühltalstraße und Waldweg zum Wanderparkplatz Heiligenberg und dann zu Fuß weiter. Zu Fuß: über Schlangen- und Philosophenweg

DER SCHACHT Von Weitem ist nicht zu erkennen, dass sich in der Steinhütte zwischen den Bäumen ein schachtförmiges Loch befindet, das den Menschen seit Jahrhunderten Rätsel aufgibt und zu allerlei Legendenbildung führte. So soll es ein Geheimgang gewesen sein, der zum Neckar hinunter und unter dem Fluss zum Schloss hinaufführte. Jemand will gesehen haben, dass eine Gans hineinfiel und völlig schwarz beim Kloster Neuburg im Stadtteil Ziegelhausen wieder herauskam. Manche glaubten zu wissen, dass mysteriöse Wesen darin hausten und ein Schweizer Pfarrer war im frühen 17. Jahrhundert überzeugt davon, dass der Teufel einst selbst in dem Loch saß und seine falschen Weissagungen verkündete. Wer grub den Schacht und wann? Waren es die Kelten, die im 1. Jahrtausend vor Christus auf dem Heiligenberg siedelten? Die Römer, die den Odenwaldgipfel vor fast 2000 Jahren für sich entdeckten? Oder erst viel später die Benediktinermönche, die um das Jahr 1090 das nahe gelegene Stephanskloster errichteten?

VICTOR HUGO Der französische Schriftsteller, der vom 6. bis 14. Oktober 1840 in Heidelberg weilte, war in einer Vollmondnacht auf dem Heiligenberg unterwegs und stieß auf das Heidenloch. In seinem Buch »Heidelberg – Man müsste hier leben« schrieb er: »Wie ich so über diesen Bergrücken ging, bemerkte ich, wenige Schritte von dem kaum erkennbaren Pfad entfernt, unter stacheligem Gestrüpp eine Art Loch, zu dem ich mich begab. Es war eine ziemlich große rechteckige Grube von zehn oder zwölf Fuß Tiefe und acht oder neun Fuß Breite, in die sich rötliche Brombeersträucher senkten, durch deren Gestrüpp einzelne Mondstrahlen drangen. Am Boden erkannte ich undeutlich ein Pflaster aus breiten vom Regen ausgewaschenen Platten, und an den vier Wänden sah ich ein mächtiges Mauerwerk aus gewaltigen Steinen, das von Gräsern und Moos wie entstellt war. Ich glaubte, auf dem Grund ein paar grobe Skulpturen inmitten von Trümmerwerk zu erblicken und unter diesen Ruinen einen dicken runden, leicht ausgebauchten Block, der in der Mitte ein kleines quadratisches Loch aufwies; es konnte ein keltischer Altar oder ein Kapitell aus dem 6. Jahrhundert sein. Im Übrigen gab es keine Treppe, um in die Grube hinabzusteigen. Vielleicht war es auch nur eine einfache Zisterne, aber ich versichere Ihnen, dass die Stunde, der Ort, der Mond, das Dornengesträuch und die auf dem Grund undeutlich zu erkennenden Gegenstände diesem geheimnisvollen Raum, der ohne Stufen in die Erde eingelassen war und dem der Himmel als Decke diente, irgendetwas Ungeheuerliches und Wildes verliehen. Was war das für eine eigenartige Grube? (...) Ich schiebe mit meinem Stock die Sträucher beiseite, ich halte mich an den Ranken fest, die ich als Griffe benutze und beuge mich über dieses Dunkel. Und in diesem Augenblick höre ich, wie eine tiefe, brüchige Stimme hinter mir deutlich das Wort Heidenloch ausspricht. Obwohl ich nur wenig Deutsch kann, kenne ich dieses Wort und weiß, was es bedeutet. Ich drehe mich um. Niemand auf der Heidefläche; der Wind weht, und der Mond scheint. Nichts weiter.«

Ein Gitter schützt vor dem Fall ins schier Bodenlose.

ARCHÄOLOGISCHE ERFORSCHUNG Archäologen nahmen erstmals 1936 eine Untersuchung des Schachtes in Angriff. Mithilfe von Gerüstböden, Leitern und Seilwinden hoben sie Material aus dem Loch, und unter Einsatz von schwererem Gerät gelang es ihnen schließlich, den gesamten Schacht bis zur Sohle freizuräumen. Bei den Grabungen stießen sie in 26 Metern Tiefe auf Teile von Säulen, behauene Steine, Gebrauchsgegenstände aus dem Kloster sowie in 52 Metern Tiefe auf einen Brunnenmantel. Die Grabungsarbeiten wurden 1938 eingestellt und der Schacht mit einem Holzbalken abgedeckt. Da das sagenumwobene Loch immer wieder Schaulustige und Touristen anzog, musste die Abdeckung mehrmals erneuert werden. Im Mai 1987 wurde das Heidenloch erneut freigelegt. Die Steine des Brunnenmantels wurden gehoben, ins Kurpfälzische Museum gebracht und dort zu einer Ummantelung rekonstruiert. Um Schaulustige von der Grabungsstätte fernzuhalten, wurde eine steinerne Schutzhütte darüber errichtet und der freigelegte Schacht mit einem Metallgitter bedeckt sowie einer Betonbrüstung umgeben.

DEM RÄTSEL AUF DER SPUR In Zusammenarbeit mit dem Kurpfälzischen Museum ließen im Sommer 2020 Forscher des Landesamts für Denkmalpflege einen Kameraschlitten mit sechs Kameras in den Schacht hinunter, mit deren Hilfe ein 3D-Modell angefertigt wurde, das dem Rätsel endgültig auf die Spur kommen sollte. Diesen Ergebnissen nach könnte es sich bei dem Schacht tatsächlich um einen Brunnen gehandelt haben – man fand Spuren, die typisch waren für mittelalterliche Brunnen-Schachtbauwerke. Eine hundertprozentige Sicherheit für diese Annahme gibt es allerdings nicht.

Das besondere Erlebnis

Möchten Sie sich am Heidenloch so richtig schön gruseln? Lesen Sie vorab den fantastisch-mythologischen Roman »Das Heidenloch« von Martin Schemm und lassen Sie dann Ihrer Fantasie beim Hinunterschauen in den beleuchteten Schacht freien Lauf.

Ob sich darunter wohl mal
ein Brunnen verbarg?

7

DIE HÖHLE DES EINSIEDLERS

Klause im Dossenheimer Mühltal

In einer Felshöhle mitten im Wald hauste vor über 250 Jahren mal ein Österreicher, der Franz von Assisi nacheiferte. Seine Klause hat sich im Lauf der Jahrhunderte kaum verändert.

Klause **Ort** 69221 Dossenheim (nordöstlich des Dorfkerns auf dem Südosthang des hinteren Kirchbergs **GPS** 49.4540753, 8.6927134 **Anfahrt** Auto: über die B3 nach Dossenheim zur Talstraße, von dort weiter zu Fuß. ÖPNV: Straßenbahn 5 zum Bahnhof Dossenheim, dann zu Fuß zur Talstraße und weiter in den Wald (ca. 2,5 Kilometer)

Vor lauter Bäumen übersieht man die Klause fast.

↑ Die Gedenktafel erinnert an den Eremiten, der hier hauste.

↗ Nur in der Hocke und kriechend gelangt man in die Höhle.

DER EINSIEDLER Er hieß Johann Georg Kernstock, aber wann er nach Dossenheim kam, warum und woher, weiß man im Grunde nicht so genau. Laut Lokalgeschichte wurde er 1735 geboren und soll 1765 aus Niederösterreich an die Bergstraße gekommen sein. Bestätigt ist das allerdings nicht. Der Überlieferung nach war Kernstock Lutheraner, der zum Katholizismus konvertiert war und sich dem Dritten Orden der Franziskaner anschloss. Die Dritten Orden sind aus Laien bestehende Gemeinschaften, die sich einem großen Orden angeschlossen haben, ohne selbst in Klöstern zu leben. Wann Kernstock das tat, ist nicht bekannt. Ein »offizieller« Hinweis auf ihn findet sich im Kirchenbuch der Katholischen Kirche Dossenheim, wo Pfarrer Joseph Thomas Herdt verzeichnete, dass am 8. August 1765, am Festtag des heiligen Cyriacus, die »Cyriacus-Klause« des Einsiedlers geweiht wurde.

DIE HÖHLE Fast übersieht man den moosbewachsenen Felsklotz, denn er liegt abseits des Waldwegs. Wie Kernstock ihn wohl entdeckte? Machte er sich gezielt auf die Suche nach einer Höhle oder fand er sie zufällig bei einer Wanderung? Wann entschied er sich dazu, wie Franz von Assisi als Eremit zu hausen? Nachdem er seine Einsiedelei gefunden hatte, soll er den Felsen weiter ausgehöhlt und die Wände mit Steinen ausgemauert haben. Knappe 10 Quadratmeter betrug die Größe seines »Wohnraums«, die ausreichende Deckenhöhe machte es ihm aber möglich, darin aufrecht zu stehen.

Eine niedrige, etwa 50 Zentimeter hohe Öffnung führt ins Innere der Höhle. Um hineinzukommen, muss man in die Knie gehen. Ganz schön kalt muss es hier im Winter gewesen sein. Ein Rauchabzug in einer Seitenwand weist auf eine Feuerstelle hin, aber ob so ein Feuerchen in einem Steinfels für genügend Wärme sorgte? Ob der Eremit durchgehend in der Höhle hauste, ist fraglich. Pfarrer Herdt schrieb 1770 ins Kirchenbuch, dass Geld für den Bau eines Hauses für Kernstock gesammelt worden sei. Er soll in diesem Haus zusammen mit seiner Mutter gewohnt haben.

DAS RÄTSEL UM DEN EREMITEN Da weder Tod noch Beerdigung des Johann Georg Kernstock in Dossenheim verzeichnet sind, nimmt man an, dass er den Ort verließ. War es 1785, nach dem Tod seiner Mutter? Man weiß, dass er 1773 die Erlaubnis der bischöflichen Behörde in Worms für eine Wallfahrt benötigte und den Dekan Rudolph Konrad Gerhard Lang um ein Empfehlungsschreiben bat. Dieses befindet sich heute im Generallandesarchiv Karlsruhe. Darin bestätigt der Dekan, dass der »Eremit zu Doßenheim ein sehr frommes christliches und exemplarisches Leben« führe. Der Legende nach soll Kernstock in seiner Höhle als Wunderheiler gewirkt haben, Belege dafür gibt es allerdings nicht. Ebenso wenig, dass »prominente« Besucher ihn von weit her aufsuchten.

DER VERFALL DER KLAUSE Nach dem Weggang des Eremiten blieb die Höhle sich selbst überlassen und verfiel im Lauf der

Die Nachbarschaft der Klause

nächsten beiden Jahrhunderte zusehends. Die gemauerten Seitenwände stürzten ein und starke Regenfälle spülten Schlamm ins Innere. Mitglieder des Vereins, der sich um die Erhaltung der Ruine Schauenburg kümmert, »renovierten« die Höhle im Sommer 2011. Sie entfernten das eingeschwemmte Erdreich, reparierten die beschädigten Teile und setzten die Klause in den Zustand zurück, in dem sie Johann Georg Kernstock verlassen hatte – wann immer das auch war.

Das besondere Erlebnis

Knapp 2 Kilometer weiter südwestlich (via Talstraße) liegt der Steinbruch Leferenz. Auf einem Rundgang gibt es unter anderem eine Brechanlage, Feldbahn und den Schutzraum des Sprengmeisters zu bestaunen. An manchen Wochenenden werden die Feldbahnen in Betrieb genommen. https://feldbahn-dossenheim.de.tl

In der Steinhütte verbirgt sich ein sagenumwobener Schacht.
Im Winter muss es in der Klause ganz schön kalt gewesen sein.

Ob es sich um Einschusslöcher handelt?

8

DAS VERGESSENE ATTENTAT

RAF-Anschlag auf 4-Sterne-General am Karlstor

Dass beim Karlstor an der idyllischen Bundesstraße 37 einer der spektakulärsten Anschläge der Roten Armee Fraktion erfolgte, ist heute fast vergessen.

Karlstorschleuse, Schlierbacher Landstraße **Ort** 69117 Heidelberg **GPS** 49.4141501, 8.7181098
Anfahrt Auto: Bahnhof Heidelberg-Altstadt/Karlstorbahnhof (B37)

DER KNALL Es war 7.18 Uhr am Morgen des 15. September 1981, als auf Höhe der Karlstorschleuse eine Panzergranate auf den Mercedes-Benz von General Frederick James Kroesen (1923–2020) abgefeuert wurde. Der Vier-Sterne-General entkam dem Mordanschlag nur knapp. Statt des Oberbefehlshabers der US-Armee in Europa traf die Granate das Heck des Wagens, zersplitterte die Rückscheibe, fiel auf die Straße und schlug dort ein. Eine zweite Granate flog in den Neckar. Bei dem Geschoss handelte es sich um eine RPG-7, eine 7 Kilogramm schwere Panzerfaust sowjetischer Bauart mit einer maximalen Reichweite von 300 Metern. Kroesen und seine Frau, die hinten saßen, wurden durch Glassplitter leicht verletzt, sein Adjutant und der Fahrer blieben unverletzt. Hätte die Granate richtig getroffen, hätte keiner der Insassen überlebt. Dass auch die nachfolgenden Schüsse aus einer Maschinenpistole keinen größeren Schaden anrichteten, lag am gepanzerten Dienstwagen des Generals. Kroesen witzelte später, dass er froh darüber war, dass die Terroristen sowjetische und keine amerikanischen Panzergranaten benutzt hätten, da die amerikanischen ihr Ziel garantiert nicht verfehlt hätten. Am Abend desselben Tages bekannte sich das RAF-Kommando »Gudrun Ensslin« zum Anschlag, der nach ihren Worten dem »Zentrum des globalen imperialistischen Apparats« galt.

DAS VERSTECK Die Panzergranate wurde im Wald oberhalb des Karlstorbahnhofs aus 200 Metern Entfernung abgefeuert. Dort hatten die Terroristen mehrere Tage zuvor auf abschüssigem Gelände eine Schneise ins Gehölz geschlagen, sodass der Blick auf den Bereich vor der Ampel am Verwaltungsbau der Karlstorschleuse frei war. In dem Waldstück fand die Polizei ein Iglu-Zelt, vier Schlafsäcke, ein Funkgerät, Essensreste, ein leeres RPG-Startrohr sowie ein bergaufwärts angebrachtes Seil und sicherte Fingerabdrücke, die Christian Klar und Brigitte Mohnhaupt zugeordnet werden konnten. Beide galten von 1977 bis 1982 als Kopf der zweiten RAF-Generation.

PRÄZISES TIMING Auf gut Glück warteten die Terroristen in ihrem Versteck, dass der Dienstwagen Kroesens an der Ampel halten würde. Schon Wochen zuvor hatten sie ausgekundschaftet, dass der General in einer Villa in der Wolfsbrunnensteige 18 im Stadtteil Schlierbach wohnte und jeden Morgen von seinem Fahrer abgeholt und über die B37 ins Hauptquartier der US-Armee in der Römerstraße gefahren wurde. Die Ampel an der Karlstorschleuse schien der perfekte Ort, um den Anschlag zu verüben. Nun mussten

Der Panzerfaustangriff kam aus dem Waldstück oberhalb des Karlstors.

Am 15. September 2021 war es genauso nebelig wie 40 Jahre zuvor am Tag des Attentats.

sie nur darauf warten, dass die Ampel auf Rot sprang, wenn der Dienstwagen des Generals sich näherte. Ob sie ein paar Tage oder vielleicht auch eine Woche warteten, ist nicht bekannt. Höchstwahrscheinlich hielt sich einer der Terroristen in der Nähe der Villa versteckt und meldete Kroesens Abfahrt via Funkgerät. Ein zweiter muss nahe der Neckarschleuse gestanden und im passenden Moment per CB-Funk das Signal zum Anschlag gegeben haben.

WER HAT DIE GRANATE ABGEFEUERT? Zeugen wollen unmittelbar nach dem Knall einen Mann gesehen haben, der sich an dem bewaldeten Steilhang über dem Karlstorbahnhof an einem Seil hochhangelte. Ein anderer Zeuge sah nach dem Einschlag der Granate zwei Männer in Richtung Schleusentreppe rennen. Zwei Passanten, die vor Schreck das Weite suchten, nachdem amerikanische Sicherheitsbeamte aus dem Begleitfahrzeug, das Kroesens Dienstwagen folgte, sprangen und Richtung Abschussstelle feuerten? Wenn Zeugen drei flüchtende Männer gesehen haben, müsste Brigitte Monhaupt die Schützin gewesen sein. Man nimmt allerdings an, dass Christian Klar der Schütze war, da dieser in der ehemaligen DDR den Umgang mit einer Panzerfaust geübt haben soll.

GLÜCK IM UNGLÜCK Dass General Kroesen über einen gepanzerten Dienstwagen verfügte, ist der Tatsache zu verdanken, dass Staatsschützern schon im Juni Informationen über die Vorbereitungen zu einem Anschlag auf einen ranghohen US-Offizier vorlagen. Hinweise darauf hatten sich in einer konspirativen Wohnung in der Karlsruher Straße im Stadtteil Rohrbach gefunden. Man nahm an, dass Kroesen als ranghöchster Offizier der US-Armee in Europa auf der Abschussliste der Terroristen stand und stellte ihm ein gepanzertes Auto zur Verfügung. Einer Granate hätte zwar auch die Panzerung des Wagens nicht standgehalten, hätte sie ihn voll getroffen, aber die danach abgefeuerten Salven aus einer Maschinenpistole konnten dem gepanzerten Fahrzeug nichts anhaben. Der Fahrer gab nach der ersten Schrecksekunde Gas und raste Richtung US-Hospital, wo die Schnittwunden am Nacken des Generals ambulant behandelt wurden. Die Villa in der Wolfsbrunnensteige, die die IG Farben 1929/30 für ihren damaligen Direktor Wilhelm Gaus errichten ließ und die 1945 von der US-Armee beschlagnahmt wurde, gaben die Amerikaner nach dem Anschlag auf.

Das besondere Erlebnis

Wandeln Sie auf den Spuren einer Kaiserin, die 1898 in Genf einem Attentat zum Opfer fiel. Dazu überqueren Sie auf dem Fußgängersteg am Karlstorbahnhof die Gleise und betreten links den schmalen Valerieweg, der sich an Granitfelsen entlang zum Schloss-Wolfsbrunnenweg emporwindet und dort auf den Elisabethenweg trifft. Die beiden Wege sind nach Kaiserin Elisabeth (Sisi) und ihrer Tochter Valerie benannt, die zwischen 1883 und 1890 mehrmals in Heidelberg weilten.

Stand am Schleusenhaus einer der Terroristen, der das Signal gab?

9

DIE VERBORGENE RUHESTÄTTE

Der alte jüdische Friedhof vor dem Klingentor

Der über 300 Jahre alte Friedhof in der Hanglage am Klingenteich, der bis 1876 genutzt wurde, ist der wohl verlassenste Ort in der Heidelberger Altstadt.

Klingenteichstraße (200 Meter oberhalb des Klingentors) **Ort** 69117 Heidelberg **GPS** 49.4076312, 8.7077644 **Anfahrt** Auto: Parkhaus Universitäts-Bibliothek. ÖPNV: Bus 33 bis Haltestelle Peterskirche, dann ca. 350 Meter zu Fuß

Die Natur ist sich hier selbst überlassen.

HAUS DER EWIGKEIT Dass sich hinter dem schmiedeeisernen Tor und den hohen moosbewachsenen Mauern zwischen Wohnhäusern ein Friedhof befindet, sieht man von außen nicht. Einzig das Tor gibt mit zwei Symbolen einen Hinweis darauf, sofern man die Symbole deuten kann. Die rechte Torhälfte zeigt eine Friedenstaube mit einem Palmzweig im Schnabel als Zeichen des Lebens, die linke einen Arm mit Sichel als Zeichen des Todes.
»Bejt Olam«, Haus der Ewigkeit, wird ein jüdischer Friedhof unter anderem genannt – ein Ort, an dem die Verstorbenen ihre ewige Ruhe finden. Im Gegensatz zu christlichen Gräbern, die nach Ablauf der Ruhezeit, sofern diese von den Hinterbliebenen nicht verlängert wird, ist die Totenruhe im Judentum unantastbar. Die Beigesetzten genießen Ruherecht bis zur »Auferstehung nach dem Eintreffen des Messias«. Jüdische Friedhöfe sollen zudem das Prinzip der Vergänglichkeit widerspiegeln – Blumenschmuck und auf Hochglanz polierte Grabsteine findet man nicht. Unter den alten Bäumen am Klingenteich, auf gepflasterten Wegen und verwitterten Treppen entlang an efeu- und moosbewachsenen Grabsteinen begegnet man Vergänglichkeit auf Schritt und Tritt.

Schmale, bemooste Stufen führen zum oberen Teil des Friedhofs.

ALTE GRÄBER Der im Jahr 1701 angelegte Friedhof umfasst 180 Grabsteine aus Sandstein, wobei sich die ältesten im unteren Teil des Areals befinden. Seltsamerweise macht die Verwitterung diesen weniger zu schaffen als den jüngeren Grabmalen in Hanglage, an denen der Sandstein mitunter so stark abbröckelt, dass die eine oder andere Inschrift kaum oder überhaupt nicht mehr zu lesen ist. Liegt es daran, dass die hohen Bäume kaum Sonnenstrahlen durchlassen, oder an der Tatsache, dass die Grabmale aus weicherem Sandstein geschlagen wurden als die älteren weiter unten? Die sehr ausführlichen, den ganzen Stein bedeckenden Inschriften, die ein besonderes Merkmal jüdischer Grabmäler sind, waren bis ins frühe 19. Jahrhundert durchgängig hebräisch, später dann oft zweisprachig. Der älteste noch erhaltene Grabstein stammt aus dem Jahr 1784, der jüngste vom September 1876. Nach seiner Schließung war der Friedhof über hundert Jahre lang sich selbst überlassen – bis zum Holocaust-Gedenktag 1982, als der Lehrkörper und die Studierenden der Hochschule für Jüdische Studien in Heidelberg beschlossen, den alten Friedhof wieder herzurichten, um ihn für die Öffentlichkeit zugänglich zu machen. Das Areal wurde mithilfe der Stadtverwaltung saniert, schief stehende und teils in der Erde versunkene Grabmäler wieder

↑ Symbole geben Hinweise auf den Beruf des Verstorbenen.
↗ Das Eingangstor zeigt ein Symbol des Lebens und eines des Todes.

aufgerichtet. Der mittlerweile verstorbene Kantor und Lehrer Benno Szklanowski dokumentierte 1982/83 alle 180 Grabsteine samt ihren Inschriften, übersetzte sie ins Deutsche und veröffentlichte die Texte und Fotos der Grabmale in der Dokumentation »Der alte jüdische Friedhof am Klingenteich in Heidelberg 1702 bis 1876. Neue Hefte zur Stadtentwicklung und Stadtgeschichte, Heft 3/1984«.

SYMBOLE UND INSCHRIFTEN Manche Grabsteine zeigen Symbole wie segnende Priesterhände, die für die Abstammung von den Kohanim (Nachkommen des ersten Priesters Aaron) stehen oder eine Kanne, die auf eine levitische Herkunft hinweist. Die Leviten waren Tempeldiener im Jerusalemer Tempel und unter anderem für die kultische Reinheit zuständig. Die Inschrift auf dem Grabmal mit der Kanne aus dem Jahr 1839 lautet übersetzt: »Hier ruht ein Mann, der sein ganzes Leben wandelte auf dem geraden Weg, er begab sich (täglich) frühmorgens und abends mit Beständigkeit, bis seine Kräfte dahinschwanden, zur Synagoge, übte sein ganzes Leben sein Gebet mit Andacht, trieb seinen Handel gewissenhaft und auch sein Vermögen teilte er auf für Arme und Bedürftige d. i. der Liebe, H. SALMAN LEVI von hier; als Lohn dafür sei seine Seele eingebunden im Bündel es ewigen Lebens, gestorben in der Nacht des hl. Sabbat am 28. und beerdigt am Sonntag, den 29. Elul, am Rüsttag des Neujahrs 600 ndM.« (Quelle: Dokumentation Benno Szklanowski). Manche Grabmäler ähneln Säulen, andere verlaufen nach oben hin rund, spitz oder eckig. Das größte Grabmal, ein vierseitiger rechteckiger Klotz, ist von einem rostigen Metallzaun umgeben, seine Inschrift von einem Lorbeerkranz. Hier ruhen August Sylvester Sichel und seine Gattin Amalia. Der eine verschied 1858, die andere 1865. Anders als auf christlichen Grabsteinen, wo unter dem Namen des Verstorbenen manchmal auch der Beruf erwähnt wird, erfährt man durch die Inschriften auf den Grabmälern etwas über die Tugenden derjenigen, die hier ruhen. Wie zum Beispiel: »Hier ruht ein frommer und aufrechter / ein edelgesinnter / ein vertrauenswürdiger / spendenfreudiger Mann ein tugendhaftes Weib / eine angesehene Frau / eine Frau welche wandelte auf dem geraden Weg / ein netter und gebildeter Jüngling« etc. Man erfährt, dass die Verstorbenen »in gutem Ruf« oder »in der Blüte ihrer Jahre« gestorben sind, das Geburtsdatum wird jedoch nicht genannt. Das Datum des Todes- bzw. Beerdigungstages auf den Grabsteinen ist nach dem jüdischen Kalender angegeben, der seine Monate nach dem Mondzyklus zählt – das Geburtsdatum findet man auf dem Grabstein nicht. Nach jüdischem Glauben müssen Verstorbene noch am selben Tag bestattet werden. Fällt der Sterbetag allerdings auf den Sabbat oder einen Feiertag, findet die Beerdigung erst am Tag darauf statt. Feuerbestattungen sind nicht üblich.

BITTE BEACHTEN Der Friedhof ist nicht frei zugänglich, das Tor ist verschlossen. Den Schlüssel können Sie bei der Jüdischen Kultusgemeinde Heidelberg in der Häusserstraße 10–12 (www.jkg-heidelberg.com) gegen ein Pfand von 50 Euro ausleihen. Ziehen Sie unbedingt trittfestes Schuhwerk an, denn die Wege sind stellenweise sehr uneben.

Das besondere Erlebnis

Wandern Sie gern über außergewöhnliche Friedhöfe? Machen Sie einen Spaziergang auf den verschlungenen Wegen und Serpentinen des Bergfriedhofs. Auf dem 1844 eröffneten Friedhof, der über ein Wegenetz von über 20 Kilometern Länge, uralte Bäume und eine üppige Pflanzenwelt verfügt, können Sie monumentale Grabanlagen bedeutender Persönlichkeiten aus Kultur, Politik und Wissenschaft bestaunen. Adresse: Steigerweg 20, 69115 Heidelberg

Eines der größten Grabmäler des Friedhofs ist umzäumt.

Mauerrest mit Blick ins Neckartal

10

VOM BLITZ VERNICHTET

Die Obere Burg

Der fast unscheinbare Mauerrest auf dem Parkplatz des Schlosshotels Molkenkur lässt nicht erkennen, dass hier einst eine prächtige Burg mit Türmchen und Erkern stand, die das Neckartal überblickte.

Klingenteichstraße 31 **Ort** 69117 Heidelberg **GPS** 49.4061972, 8.7135134
Anfahrt Auf Friedrich-Ebert-Anlage nach Osten, dann auf Klingenteichstraße abbiegen. ÖPNV: Bus Nr. 30 ab Universitätsplatz bis Haltestelle Molkenkur, dann wenige Gehminuten leicht bergauf

Ein Gedenkstein am Eingang zur Molkenkur erinnert an die Burg.

DER BLITZSCHLAG Es muss ganz schön geknallt haben, als am Nachmittag des 25. April 1537 ein Blitz in den als Pulvermagazin genutzten Bergfried fuhr, wo zwei Tonnen Schießpulver lagerten. Nach einem überlieferten Augenzeugenbericht wurde die Burganlage durch die gewaltige Explosion innerhalb eines Augenblicks fast vollkommen zerstört. Zwei Menschen starben, fünf wurden verletzt. Die Steine sollen mehrere hundert Meter weit geflogen sein und, so der Augenzeuge, einen Mann beim Palas des darunterliegenden Schlosses getroffen haben. Was von der Burg übrig blieb, kam dem baufreudigen Kurfürst Ludwig V. für den weiteren Ausbau des Heidelberger Schlosses ganz gelegen – die Ruine war binnen kurzer Zeit bis auf ein paar Mauerreste fast komplett abgetragen. Während der Belagerung Heidelbergs im Dreißigjährigen Krieg wurde der Bereich der Ruine 1622 zu einer Schanzenanlage ausgebaut, die die Flanke des darunterliegenden Schlosses schützen sollte. Durch die unzähligen Angriffe durch Tillys Truppen gingen die letzten Reste der Burgruine verloren. Die Schanze wurde während des Pfälzischen Erbfolgekriegs im späten 17. Jahrhundert von den Franzosen geschleift. Was beide Kriege überstand, ist ein Stück der Schildmauer. Verloren steht das drei Meter hohe Mauerstück auf dem Parkplatz des Schlosshotels Molkenkur, umgeben

Die Natur erobert sich zurück,
was von der Burg übrig blieb.

von Baumaterialien und Schutt. Eigentlich bemerkt man das letzte Stück der einstigen Burg nicht einmal oder nimmt es als Teil des Schutts wahr.

DIE HÖHENBURG Man nimmt an, dass die Burg auf dem Kleinen Gaisberg irgendwann im 11. oder 12. Jahrhundert errichtet wurde und vor der Stadtgründung 1196 bereits bestanden hatte. Wer sie erbauen ließ und wer darin residierte, ist nicht bekannt. Einmal soll es Pfalzgraf Konrad von Hohenstaufen gewesen sein, ein anderes Mal das Bistum Worms, in dessen Besitz sich das Gebiet der späteren Stadt Heidelberg damals befand. Urkundlich erwähnt wurde die Burg erstmals 1225 als Heidelberger Schloss, als Obere Burg 1303 und als Alte Burg 1421. Etwas unterhalb, an der Stelle des heutigen Schlosses, lag die Untere Burg, die im 13. Jahrhundert entstand und der Vorgängerbau des Heidelberger Schlosses war. Als das Schloss Mitte des 14. Jahrhunderts zur Residenz der Kurpfalz wurde, verlor die Obere Burg an Bedeutung und wurde Teil des Verteidigungssystems des Schlosses. Die Anlage wurde mit kurpfälzischen Wächtern besetzt, die Magazine mit reichlich Schießpulver gefüllt. Wer hätte schon mit einem Blitzeinschlag gerechnet?
Wie die Burg einmal aussah, hat der Pfalzgraf Otto Heinrich auf einer Zeichnung 1537 festgehalten. Ob er diese vor der Zerstörung durch den Blitz anfertigte oder danach aus dem Gedächtnis, ist nicht bekannt. Der Maler Heinrich Hoffmann (1859–1933) fertigte eine Reproduktion der Zeichnung an, die man sich auf Wikipedia anschauen kann. Auf dem Gemälde meint man zu erkennen, welches Teilstück der Schildmauer die Jahrhunderte überlebt hat.
An dem Ort der abgegangenen Höhenburg entstand Mitte des 19. Jahrhunderts eine Kuranlage zur damals gerade in Mode gekommenen Heilanwendung des Molken-Fastens. Heute befindet sich auf dem Gelände ein Hotel mit Restaurant. Der Name »Molkenkur« blieb erhalten.

Das besondere Erlebnis

Machen Sie von der Molkenkur aus (via Molkenkurweg, Gaiberger Weg und Bildpfad) eine kurze Wanderung (ca. 1,5 km) zum Arboretum an der Sprunghöhe und tauchen Sie dort in eine multikulturelle Waldlandschaft ein. Auf einem hübsch gestalteten Rundweg erwarten Sie nordamerikanische Impressionen: mächtige Mammutbäume, Ahorn und andere Gewächse aus Nordamerika, ein indianischer Totempfahl mit kunstvollen, farbenfrohen Holzschnitzereien sowie ein Tisch mit einem hölzernen Weißkopfadler.

Der Mauerrest schlummert still auf einem Parkplatz.

11

DIE BÜRGERMEISTER-MORDE

Mordsteine im Stadtwald

An einem warmen Junitag vor über 100 Jahren brachen zwei Bürgermeister aus Westfalen zu einer Wanderung auf dem Königstuhl auf und verschwanden spurlos.

Nahe Kreuzung Pfalzgrafensteinweg und Linsenteich-Auweg (Gemarkungsgrenze zwischen Schlierbach und Neckargemünd) **Ort** 69118 Heidelberg **GPS** 49.3880837, 8.7633737 **Anfahrt** ÖPNV: S-Bahnhof Schlierbach, dann Wanderung über Auweg Richtung Linsenteicheck

EFV – Ehre, Freiheit, Vaterland – das Zeichen der Studentenverbindung

Die beiden Bürgermeister wanderten auf dem Linsenteich-Auweg.

»ZWEI BÜRGERMEISTER VERSCHWUNDEN« lautete die Schlagzeile im Heidelberger Tageblatt vom 4. Juli 1921. Was war geschehen? Fünf Tage zuvor, am 29. Juni, waren der Herforder Oberbürgermeister Wilhelm Busse (50) und Leopold Werner (42), Bürgermeister a. D., ebenfalls aus Herford, am späten Nachmittag zu einem Spaziergang im Stadtwald aufgebrochen und seitdem nicht mehr gesehen worden. Busse, seit 1908 im Amt, der am 27. Juni vom Städtetag aus Stuttgart gekommen war, wollte auf dem Rückweg nach Herford ein paar Tage Station in Heidelberg machen. Wie Werner hatte er hier einst Jura studiert und war Mitglied (»Alter Herr«) in der heute nicht mehr existierenden Studentenverbindung Corps Vandalia. Am Abend des 30. Juni planten die beiden, an einem Fest ihrer alten Studentenverbindung teilzunehmen. Wilhelm Busse wohnte im Hotel Ritter in der Altstadt, Leopold Werner, nachdem er 1919 aus gesundheitlichen Gründen aus seinem Amt als zweiter Bürgermeister in Herford geschieden war, in der Heidelberger Bergstraße. Am Nachmittag vor dem Fest hatten sie sich am Hotel Ritter zu einem Spaziergang im Wald verabredet. Nachdem Leopold Werner weder am Abend noch am nächsten Tag zurückgekehrt war, meldete ihn seine Haushälterin bei der Polizei als vermisst.

DIE SUCHE Die Suche nach den Vermissten wurde sofort eingeleitet. Da man nicht wusste, ob Sie sich Richtung Königstuhl oder Heiligenberg aufgemacht hatten, wurde auf beiden Seiten des Neckars gesucht. Am 4. Juli meldete das Tageblatt, dass über den Verbleib der beiden »bis jetzt noch nichts ermittelt werden konnte« und zwei Tage später, dass der Magistrat der Stadt Herford eine Belohnung von 10 000 Mark für das Auffinden ihres Oberbürgermeisters ausgesetzt hatte. Nun nahm die Suche Fahrt auf. Am 7. Juli berichtete die Zeitung: »Gestern Nachmittag fand eine Streife im Hainsbachwald, heute unter Beteiligung von Kriminalpolizei, Forstpersonal, drei Hundertschaften der

Sipo und des Corps Vandalia eine Streife im Stadtwald statt. Auch Polizeihunde von Karlsruhe mit ihren Führern sind dabei. Bisher sind die Streifen ergebnislos verlaufen.« Der Verdacht, dass die beiden einem Raubmord zum Opfer gefallen sein könnten, wurde immer größer. Es war die Zeit der Weimarer Republik. Der in Heidelberg geborene und aufgewachsene SPD-Politiker Friedrich Ebert war zwei Jahre zuvor zum Reichspräsidenten gewählt worden. Drei Jahre waren seit Ende des Ersten Weltkriegs vergangen. Der Friedensvertrag von Versailles verpflichtete Deutschland zu hohen Reparationszahlungen – die erdrückenden Auflagen waren überall im Land zu spüren: Arbeitslosigkeit, Hunger und soziales Elend prägten das Alltagsleben vieler Menschen. Die Kriminalität stieg an. Diebstähle und Raubüberfälle nahmen zu. So lagen die Befürchtungen nahe, dass auch Busse und Werner etwas Schlimmes zugestoßen sein könnte.

DER MUTMASSLICHE MÖRDER Noch bevor die Leichen der vermissten Bürgermeister gefunden wurden, stand der Schuldige bereits fest. Am 8. Juli berichtete das Tageblatt, dass es gelungen sei, »in der Person des 23-jährigen Schmieds Siefert aus Beerfelden, der seit zwei Jahren in Ziegelhausen wohnt und an der Eisenbahnwerkstätte Heidelberg beschäftigt ist, den Mörder, zum mindesten den Hauptbeteiligten an dem Raubmord zu verhaften«. Angeblich hatte sich Leonhard Siefert, der sich seit längerer Zeit in finanziellen Schwierigkeiten befand, dadurch verdächtig gemacht, dass er nicht nur seine »beträchtlichen Schulden« zahlte, sondern auch »teure Neuanschaffungen« machte und »seinem Mädchen sehr wertvolle Geschenke« brachte. Das kam seiner Vermieterin, der Witwe Kratzmüller, suspekt vor. Sie durchsuchte sein Zimmer, fand einen an Oberbürgermeister Busse geschriebenen Brief und alarmierte die Polizei. Bei der Verhaftung Sieferts wurden Blutspuren an seiner Kleidung entdeckt sowie Wertgegenstände der beiden Bürgermeister gefunden. Den Doppelmord an den Vermissten bestritt Siefert entschieden. Die Polizei kam zu der Ansicht, dass er den Raubmord nicht allein begangen haben könnte, da es, wie die Zeitung schrieb »trotz eifrigster Bemühungen immer noch nicht gelungen ist, die beiden Leichen aufzufinden, was darauf schließen lässt, dass der oder die Mörder die Spuren ihrer Untat gut zu verwischen wussten. Für einen Mann dürfte das wohl zu schwer sein«. Als Mittäter galt kurzzeitig ein 17-jähriger Tagelöhner aus Ziegelhausen, bei dem die goldene Uhr des Bürgermeisters Leopold Werner gefunden wurde. Er behauptete, diese von Siefert gekauft zu haben und stritt jegliche Mittäterschaft ab. Wie sich kurz darauf herausstellte, handelte es sich jedoch nicht um die Uhr des Bürgermeisters.

FUND DER LEICHEN Es sollten zwölf Tage vergehen, ehe die beiden vermissten Bürgermeister gefunden wurden. Es waren Dr. Alexander Schön aus Hamburg und Dr. Norbert Zapp aus Düsseldorf, beide »Altherren« des nicht mehr existierenden Corps Guestphalia in Heidelberg, die »beim Untersuchungsrichter die maßgebenden Angaben über den in der Nähe des Kümmelbacherhofes wahrgenommenen Leichengeruch gemacht und das Aufgebot von Schutzleuten und Studenten in die Nähe der Fundstelle gebracht haben«, heißt es in einem Brief der Staatsanwaltschaft Heidelberg über ein Jahr später (5. August 1922), in dem es um die Verteilung der Belohnung geht. Studenten des Corps Vandalia fanden am 11. Juli gegen 11 Uhr die Leichen der beiden Westfalen an einem Steilhang am Linsenteich-Auweg oberhalb des Kümmelbacher Hofes unter Steinen. »Dort,

Versteckte sich der Mörder hier?

wo der Kümmelbacherhofweg in den Weg Aue-Pfalzgrafenstein mündet, ist die Tat geschehen. Die beiden Leichen lagen etwa 20 bis 30 Meter unterhalb des Kümmelbacher Weges am steilen Berghang und waren vollständig mit schweren Felsblöcken bedeckt«, meldete das Tageblatt am 12. Juli.

DER TATHERGANG Die Polizei fand an der Wegkreuzung hinter großen Felsblöcken 3 Meter über dem Weg ein Lager aus Moos und Tannenzweigen und kam zu dem Schluss, dass hier der Mörder gelauert haben musste. Durch das Ausroden von Sträuchern waren zudem eine Sicht in alle Richtungen sowie ein perfektes Schussfeld geschaffen worden. Den Tathergang vermuteten die Ermittler laut Tageblatt wie folgt: »Die beiden Bürgermeister spazierten auf der Wegkreuzung und begaben sich auf den Weg zum Kümmelbacherhof. Der Täter schoss dann zuerst Oberbürgermeister Busse nieder. Da Bürgermeister Werner etwa 80 Meter unterhalb der ersten Mordstelle gefunden wurde, so ist als sicher anzunehmen, dass er versucht hat, zu fliehen und dass er dann von dem Täter niedergeschossen wurde. Der Täter hat die Leichen ausgeraubt, sie an den Füßen ergriffen und den steilen Berghang etwa 80 Meter hinangeschleift. (...) Der Täter hat dann schwere Felsblöcke über die Leichen gewölbt. Infolge der großen Hitze waren die Leichen zum Teil bereits in Verwesung übergegangen.« Die Tatwaffe, ein abgeändertes Militärgewehr, wurde 20 Meter vom Fundort der Leiche des Bürgermeisters Werner unter einem Stein vergraben entdeckt. Der Verdächtige, Leonhard Siefert, wurde vom Gefängnis Fauler Pelz an den Tatort gebracht, bestritt aber, jemals hier gewesen zu sein. Der Gerichtsmediziner stellte später fest, dass Busse durch einen Schuss in die Brust starb, Werner durch einen Schlag auf den Schädel.

NEUE FUNDE IN DER MORDSACHE Da weiterhin Wertgegenstände der beiden Mordopfer fehlten, ordnete der zuständige Untersuchungsrichter eine gründliche Durchsuchung des Hauses an, in dem Siefert bis zu seiner Verhaftung zur Untermiete gewohnt hatte. Auf dem Dachboden fand die Polizei in einer alten Truhe unter allerlei Gerümpel die schwarze Geldtasche von Bürgermeister Werner, in der sich seine goldene Uhr mit Monogramm befand, eine rote Brieftasche und ein Siegelring sowie Wertgegenstände und Geldscheine von Oberbürgermeister Busse. Siefert behauptete, die Sachen gefunden zu haben. Wie das Tageblatt am 16. Juli 1921 schrieb, hatten ihn am 25. Juni angeblich zwei Männer in der Bahnhofswirtschaft angesprochen und gefragt, ob er gegen Bezahlung eine Aufgabe übernehmen könnte. Er bekam 800 Mark und sollte dafür eine Reise in Richtung Heilbronn antreten und am Mittwoch darauf, dem 29. Juni, mit dem Nachtschnellzug aus Richtung Würzburg zurückfahren. Worin genau sein geheimnisvoller Auftrag bestand, hatten die beiden ihm nicht mitgeteilt. Die beiden besagten Männer seien dann am Mittwoch zu ihm in den Zug gestiegen. Er selbst war müde, ist eingeschlafen und als er erwachte, waren die beiden weg. In seinem Gepäck fand er die Wertgegenstände der ermordeten Bürgermeister und war sich sicher, dass die beiden die Dinge hineingelegt hätten. Er gab zu, den Brillantring von Oberbürgermeister Busse verkauft zu haben, und als er später von einem Arbeitskollegen erfuhr, dass man ihn des Mordes verdächtigte, versteckte er die Sachen in der Truhe. Eine »romanhafte Geschichte«, fand die Polizei.

DER PROZESS Am Morgen des 16. Januar 1922 begann mit dem Prozess gegen Leonhard Siefert vor dem Heidelberger Schwurgericht einer der ersten Indizienprozesse der

Hier fand man die Leichen der beiden vermissten Bürgermeister.

Weimarer Republik. »Ich bestreite entschieden alles«, antwortete der Angeklagte, als er vom Vorsitzenden gefragt wurde, wie er sich zur Anklage stelle. Tatsächliche Beweise, dass Siefert die Morde begangen hatte, gab es nicht. Die Staatsanwaltschaft stützte sich auf Indizien. So Sieferts Fingerabdrücke auf der Brieftasche eines der Opfer, Blutflecken auf seiner Kleidung, von denen er behauptete, es sei Nasenbluten gewesen, und an seinem Anzug haftende Spuren von Moos, die darauf hinwiesen, dass er am Tatort gewesen ist. Nach sechs Verhandlungstagen sprachen die Geschworenen Leonhard Siefert am 23. Januar 1922 schuldig. Der Richter verurteilte ihn wegen Mordes in zwei Fällen zweimal zum Tode. Das Urteil wurde am 29. Juli 1922 in den frühen Morgenstunden im Hof des Zuchthauses Bruchsal durch Enthauptung vollstreckt. Auf dem Weg zur Hinrichtung erbat er das Wort und beteuerte seine Unschuld, so die Münster Nachrichten am selben Tag: »Er erklärte, er sterbe nicht als Mörder, sondern als Mensch. (...) Siefert hielt das Kruzifix hoch, deutete mit der Hand auf die Gestalt des Gekreuzigten und rief pathetisch: So wie dieser unschuldig am Kreuze gestorben ist, so sterbe ich als unschuldiger Mensch.« Das Fallbeil fiel um 4.23 Uhr.

Das besondere Erlebnis

Hat dieser über 100 Jahre alte Mordfall Ihr Interesse geweckt? Der ehemalige Mannheimer Richter Thomas Schnepf verarbeitete den Mord zu dem Roman »Heidelberger Mordsteine« (Kehl Verlag, 2006).

Der Grundriss des Merkurtempels ist durch Pflasterung gekennzeichnet.

12

MYSTISCHER KRAFTORT

Michaelskloster auf dem Heiligenberg

Der Heiligenberg, einst Zentrum keltischer Macht, später Heiligtum der Römer und ab dem 9. Jahrhundert Domizil von Benediktinermönchen, gilt als Kraftort. Der Bereich am Michaelskloster ganz besonders.

Auf dem Heiligenberg 1, **Ort** 69121 Heidelberg **GPS** 49.425996, 8.7063522 **Anfahrt** Auto: über die Handschuhsheimer Landstraße/B3, Mühltalstraße und Waldweg zum Wanderparkplatz Heiligenberg und dann zu Fuß weiter. Zu Fuß: über Schlangen- undPhilosophenweg

KELTEN UND RÖMER Archäologischen Funden nach besiedelten die Kelten den Heiligenberg im ersten Jahrtausend v. Chr. Davon zeugen noch heute Überreste einer doppelten keltischen Ringwallanlage. Über Jahrhunderte hinweg war die Keltensiedlung auf 439 Metern Höhe das kulturelle, politische und religiöse Zentrum der Region. Bis die Römer kamen und den Gipfel über dem Neckar für sich entdeckten. Sie vertrieben die Kelten und errichteten auf dem Berg einen Tempel, den sie dem Götterboten Merkur weihten. Man sagt, dass der Mercurius-Tempel auf ein Heiligtum der Kelten gebaut worden sein soll.

DIE MÖNCHE KOMMEN Als die Herrschaft der Römer endete, übernahmen die Franken das Zepter. Der König des Ostfrankenreichs, Ludwig III., übereignete den Heiligenberg im Jahr 882 der mächtigen Benediktinerabtei Reichskloster Lorsch. Die Mönche bauten Klostergebäude und über den Ruinen des Merkurtempels eine dem Erzengel Michael geweihte Kirche. Mit Absicht oder aus bautechnischen Gründen? Empfanden die Benediktinermönche die Kultstätte der Römer als besonders heilig oder als energetischen Hotspot? In der heutigen Ruine markieren Steinplatten die Lage des einstigen Tempels. Manch einer schwört, inmitten der Markierung schon energiespendende Kräfte gespürt zu haben.
Die Zeit der Benediktiner auf dem Heiligenberg endete 1232, als Lorsch dem Erzbistum Mainz unterstellt wurde. Nun kamen die Zisterzienser aus dem Kloster Eberbach im Rheingau, 16 Jahre später die Prämonstratenser aus dem Kloster Allerheiligen im Schwarzwald.

↓ Historischer Gedenkstein zum Michaelskloster

↘ Säule der einstigen Basilika

ZERSTÖRUNG DES MICHAELSKLOSTERS Während des Badisch-Pfälzischen Krieges 1461/62, der auch als Mainzer Stiftsfehde in die Geschichte einging, wurden die Klostergebäude zerstört, aber umgehend wieder aufgebaut. Im Jahr 1503 stürzte der Glockenturm ein – die herabfallenden Steine sollen drei Mönche im Schlaf erschlagen haben. Wenig später wurde das Kloster aufgegeben, im Zuge der Reformation 1555 aufgelöst und der Universität Heidelberg übertragen. Die beschloss drei Jahrzehnte später den Abriss des Klosters und den Verkauf der Steine. Im Jahr 1886 wurden die Grundmauern archäologisch freigelegt, aber erst 1984 wurde die Klosterruine nach weiteren Grabungen, Sanierung und Konservierung für die Öffentlichkeit zugänglich gemacht.

Treppenaufgang zum Turm mit Rundumblick über die Ruine

KULTSTÄTTE Der Heiligenberg, der archäologischen Funden nach schon in der frühen Jungsteinzeit besiedelt war, soll schon damals als Stätte mit besonderen, energiespendenden Kräften gegolten haben. Errichteten die Kelten und danach die Römer deshalb eine Siedlung auf dem Gipfel? Nach der Römerzeit wurden Kirchen und Klöster gern auf Plätzen gebaut, die den Kelten als Kultstätte dienten. Man wusste, dass deren Priester, die Druiden, diese Stätten aufsuchten, um Rituale auszuführen und Sternenkonstellationen zu berechnen. Wie heute strahlten diese Orte auch damals eine mystische Faszination aus. So ist es kein Wunder, dass Kirchen und Klöster auf alten Kultstätten entstanden.

KRAFTORT Was ist eigentlich ein Kraftort? Als Ort der Kraft gilt »eine Stelle, an der sogenannte Erdstrahlung, welche die gesamte Erde umfassen soll, aus ihrem Inneren austritt und für die Umwelt spürbar wird. Solche Orte sollen überall zu finden sein und zeichnen sich meist durch ein auffälliges Naturmerkmal aus. Auch in sakralen Bauten oder an anderen kulturhistorischen Plätzen wird diese Energie vermutet«, so der Heidelberger Fotograf und Designer Francesco Futterer in seiner Bachelor-Arbeit »Kraftort«. Dort, wo einst der Merkurtempel stand, sollen Messungen tatsächlich einen erhöhten Wert an Energie ergeben.

Das besondere Erlebnis

Schauen Sie sich auch die Fundamentreste des nahe gelegenen Stephansklosters an. Das Benediktinerkloster entstand um 1094, wurde nach der Reformation aufgelöst und 1589 als Steinbruch freigegeben.

Grabplatte aus dem Jahr 1070

13

DER EINGEMAUERTE RITTER

Handschuhsheimer Tiefburg

Im 18. Jahrhundert machte man in einer Wandnische der Burg einen gruseligen Fund: das Skelett eines Ritters in Rüstung. Um den eingemauerten Edelmann ranken sich allerlei Sagen.

Dossenheimer Landstr. 6 **Ort** 69121 Heidelberg **GPS** 49.4282373, 8.6862045, **Anfahrt** Auto: via Berliner Straße. ÖPNV: Straßenbahn 23 bis Hans-Thoma-Platz, dann 350 Meter zu Fuß

Handschuhsheims ältester Herrensitz ist ziemlich gut erhalten.

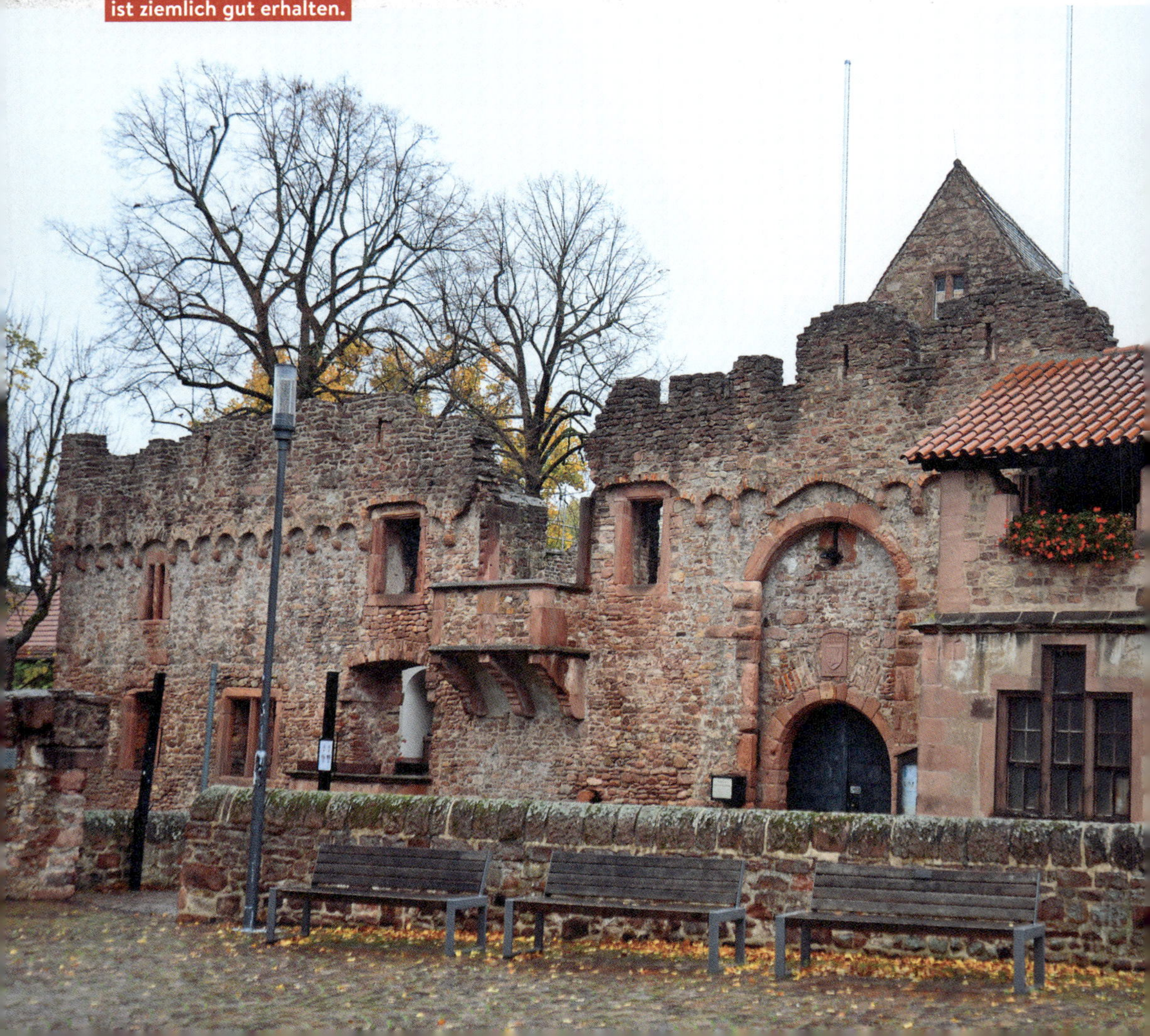

DER SCHAURIGE FUND Dass er hinter einer Wand ein Skelett in Ritterrüstung finden würde, hätte Oberstleutnant Johann Ferdinand Joseph Freiherr von Helmstatt ganz sicher nicht gedacht, als er einem Freund, dem kurpfälzischen General von Rothenhausen, im Jahr 1770 sein Anwesen zeigte. Als sie auf der schmalen Wendeltreppe zum Untergeschoss der Hauskapelle hinabstiegen, stieß von Helmstatt versehentlich an die Wand, woraufhin es plötzlich ein hohles Geräusch gab. Er klopfte erneut gegen die Wand. Es schien, als würde sich dahinter ein Hohlraum befinden. Vielleicht mit einem verborgenen Schatz? Von Neugier getrieben, ließen die beiden an jener Stelle die Mauer aufbrechen und entdeckten dahinter eine Wandvertiefung mit einem aufrecht stehenden Ritter in voller Montur. Lange blieb er allerdings nicht stehen, denn durch die Erschütterung beim Aufbrechen der Wand und dem Eindringen von Luft fiel die Rüstung samt dem darin befindlichen Skelett in sich zusammen. Der Freiherr und der General staunten nicht schlecht. Mit was auch immer sie hinter der Wand gerechnet hatten, ein eingemauerter Ritter gehörte nicht dazu. Wie in dem Buch »Historische und topografische Denkwürdigkeiten von Handschuhsheim« im Jahr 1840 erwähnt wurde, zeugte das Aussehen der Rüstung von einem sehr hohen Alter. »Sie ist reich mit Gold verziert, lässt sofort auf einen höheren Rang des Inhabers schließen und hat mehrere Zeichen von Schwertschlägen«, so der Autor Eduard Johann Joseph Mühling. Der Freiherr von Helmstatt überließ den Fund seinem Freund, dem General, der diesen später dem damaligen Kurfürsten Karl Theodor übermachte. Als die Rheinpfalz 1803 an Baden fiel, wurde die Ritterrüstung den Königlichen Altertumsschätzen in München einverleibt. Im frühen 20. Jahrhundert fand sie ihren Platz im Deutschen Museum, ist aber seit dem Zweiten Weltkrieg verschollen.

WER WAR DER EINGEMAUERTE? Wer in der Ritterrüstung steckte und welches tragische Schicksal dem Eingemauerten widerfuhr, darüber kann man nur mutmaßen. Dem Modell nach stammte die Ritterrüstung aus dem 15. Jahrhundert, der Größe nach maß der Inhaber 1,50 Meter. Der Autor des oben genannten Buches nahm an, dass der Ritter in einer Fehde niedergeworfen und sofort danach lebendig eingemauert worden war, da sich einer Sage nach hier einst der Sitz eines Fehmgerichts befand. Darauf, so der Autor, würde auch die Bauart der Nische hinweisen: »Dieselbe ist 2½ Schuh breit,

Hier geht der Blick vom Balkon in die Tiefe.

3½ Schuh lang und 6½ Schuh hoch. (...) Oben war eine Öffnung angebracht, durch welche dem Unglücklichen wahrscheinlich die ihm bestimmten Speisen zugeschoben wurden, bis der Tod seinem martervollen Leben eine Grenze setzte.« Aber wie hätte er essen sollen, wo er doch in einer Ritterrüstung steckte und seine Hände zudem gefesselt gewesen sein sollen?
Um den eingemauerten Ritter rankten sich im Lauf der Jahrhunderte allerlei Sagen. So nahm man an, dass hinter seinem Schicksal auch eine unglückliche Liebesgeschichte stecken könnte. Ganz besonders, als 60 Jahre nach seinem Fund auf Schloss Hirschhorn ein eingemauertes weibliches Skelett gefunden wurde. Hatten die beiden ein verbotenes Liebesverhältnis gehabt und wurden an verschiedenen Orten lebendig eingemauert? Wohl kaum, zumal weder über das Alter des Hirschhorner Skeletts etwas bekannt ist, noch ob sich diese Geschichte überhaupt belegen lässt.

DIE HANDSCHUHSHEIMER HERREN Die Tiefburg, die zwischen 1300 und 1400 als Wasserburg entstand, war Stammsitz der Herren von Handschuhsheim, bis die männlichen Nachkommen mit dem Tod von Hans von Handschuhsheim 1600 ausstarben. Dieser hatte bei einem Duell mit seinem Vetter, Friedrich III. von Hirschhorn, den Kürzeren gezogen und verstarb mit gerade einmal 15 Jahren. Da war der unbekannte Ritter längst eingemauert. Wussten die Handschuhsheimer vom Eingemauerten oder hatten sie gar etwas mit seinem Tod zu tun? Wenn, dann starb das Wissen darüber mit ihnen aus. Im Jahr 1624 ging die Burg in den Besitz der Herren von Helmstatt über. Es wundert, dass in 300 Jahren niemand den Hohlraum hinter der Wand bemerkte. Nicht einmal, als die Burg zwischen 1500 und 1600 einem größeren Umbau unterzogen wurde.

Die Ritterrüstung, die heute in der Mauernische unter der ehemaligen Hauskapelle steht, ist eine Nachbildung.

In dieser Nische stand der tote Ritter in seiner Rüstung ziemlich lange.

Das besondere Erlebnis

Schauen Sie sich in der Handschuhsheimer St.-Vitus-Kirche in der Steubenstraße (die älteste Kirche Heidelbergs) die prächtigen Grabmale der Herren von Handschuhsheim an. Der Grabstein der Geschwister Hans und Barbara von Handschuhsheim erzählt deren Geschichte.

Eingang zum Brunnenstollen

14

DER UNTERIRDISCHE GANG

Brunnenstollen auf der Burgfeste Dilsberg

Als der amerikanische Schriftsteller Mark Twain 1880 die Sage von einem unterirdischen Gang auf der Feste Dilsberg in seinem Buch »A Tramp Abroad« erwähnte, machte sich ein Landsmann auf, diesem auf den Grund zu gehen.

Burghofweg **Ort** 69151 Neckargemünd-Dilsberg (ca. 4 Kilometer nordöstlich von Neckargemünd) **GPS** 49.398873, 8.8372104 **Anfahrt** Auto: ab Heidelberg über B37 (16,1 Kilometer)

»DILSBERG IST EIN WUNDERLICHER ORT« schrieb der vielreisende Autor, der im Sommer 1878 auf die Bergfeste hinaufwanderte. Noch wunderlicher fand er den Burgbrunnen. Dilsberger Kinder, die ihm und seinen Begleitern als Fremdenführer dienten, erzählten, dass der Brunnen im Mittelalter 400 Fuß (ca. 122 Meter) tief war, sein Grund unter dem Neckarspiegel lag und daher die Wasserzufuhr unerschöpflich gewesen sei. Andere widersprachen und sagten, dass der Brunnen nie tiefer als 80 Fuß gewesen sei und in dieser Tiefe ein unterirdischer Gang abzweigen und abwärts zu einer entfernten Stelle im Tal führen und in einen verborgenen Winkel münden würde. Was, so die Kinder, auch erklären würde, warum Dilsberg selbst nach den längsten Belagerungen niemals eingenommen worden war. Schafften die Dilsberger doch Munition und Lebensmittel durch den unterirdischen Gang heran. Die Kinder wollten beweisen, dass es unter dem Brunnen tatsächlich einen unterirdischen Ausgang gäbe. »Sie setzten also ein großes Strohbündel in Brand und warfen es in den Brunnen hinein, während wir uns über die Einfassung beugten und beobachteten, wie die glühende Masse hinabsank. Sie fiel auf den Grund und brannte allmählich aus. Es kam kein Rauch herauf. Die Kinder klatschten in die Hände und sagten: ›Sehen Sie wohl! Nichts raucht so sehr wie brennendes Stroh – also wohin ist der Rauch gezogen, wenn kein unterirdischer Ausgang da wäre?‹« Für Mark Twain war es offensichtlich, dass der unterirdische Gang tatsächlich existierte.

DIE SUCHE NACH DEM GEHEIMGANG

Als der New Yorker Fritz von Briesen Jahre später die Geschichte in dem 1880 erschienenen Buch »A Tramp Abroad« las, war er von

↓ Bei Platzangst sollte man den Stollen lieber nicht betreten.

↘ Stellenweise ist eine gebückte Haltung erforderlich.

Im Brunnenstollen herrscht eine konstante Temperatur von 10 bis 12 Grad.

dem vermeintlichen Geheimgang so fasziniert, dass er 1896 einen Dampfer Richtung Deutschland bestieg, um herauszufinden, ob es diesen unterirdischen Gang tatsächlich gab. Der Sohn eines vermögenden Deutsch-Amerikaners hatte gerade sein Jurastudium in Harvard beendet und wollte sich dieses Abenteuer gönnen, bevor er sich als Anwalt ins Berufsleben stürzte. Von Briesen begab sich auf die Feste Dilsberg und begann sogleich mit der Suche. Weit kam er allerdings nicht, denn das Objekt der Begierde war völlig zugeschüttet. Enttäuscht fuhr er nach New York zurück. Der Geheimgang ließ ihm aber dennoch keine Ruhe. In den folgenden drei Jahrzehnten spukte er immer mal wieder durch seinen Geist und zuletzt so häufig, dass er 1926, mittlerweile 52 Jahre alt, einen erneuten Versuch wagte. Dieses Mal wollte er die Suche allerdings professioneller angehen und beauftragte dazu ein Spezialteam aus dem Schwarzwald, das tatsächlich fündig wurde. Zwar führt vom Brunnenschacht kein unterirdischer Gang zu einer weit entfernten Stelle im Tal, aber es zweigt ein knapp 80 Meter langer Stollen ab, der in einem Hang unter der Festung endet. So hatte der New Yorker zumindest ein kleines Erfolgserlebnis und der 16 Jahre zuvor verstorbene Mark Twain nicht ganz unrecht. Aus Dank, dass er den Brunnen freigelegt und die Maßnahmen dazu auch finanziert hatte, benannten die Dilsberger eine Straße nach Fritz von Briesen.

BURGBRUNNEN UND BURGSTOLLEN Man nimmt an, dass der Brunnen beim Bau der Burg um 1150 gegraben wurde und zunächst ca. 21,50 Meter tief war. Als die Kurpfälzer Dilsberg Mitte des 17. Jahrhunderts zu einer Garnison ausbauten und Soldaten in die Burg einzogen, stieg der Bedarf an Wasser, sodass der Brunnen zwischen 1650 und 1680 verbreitert und auf 46 Meter vertieft wurde. Der mit Hammer, Meißel und Schlägel ins Gestein geschlagene Schacht entstand vermutlich als Belüftungsstollen, der die Arbeiter beim Brunnenbau vor Giftgasen schützen sollte. Als die Arbeiten am Brunnen beendet waren und der Stollen nicht länger zur Belüftung gebraucht wurde, schütteten ihn die Arbeiter wieder zu. Im Lauf der Jahrzehnte kamen Gerüchte über einen unterirdischen Gang auf. Einer Legende nach führt er hinunter ins Tal, einer anderen Legende nach gar unter dem Neckar hindurch zu einer der vier Burgen in Neckarsteinach. Tatsächlich führt er unter der Erde auf knapp 80 Metern im Felsen hindurch zum Brunnen.
Gegen Pfand bekommen Besucher den Schlüssel für das Tor, das in den Burgstollen führt. Allerdings nur in den Sommermonaten, denn von Oktober bis Ende April gehört der Brunnenstollen den Fledermäusen, die hier überwintern. Aber Vorsicht bei Platzangst. Im Stollen ist es sehr eng und stellenweise beträgt der Abstand zur Decke nur 1,40 Meter. Zudem ist es dunkel, kalt, feucht und mitunter glitschig.

Das besondere Erlebnis

Machen Sie einen Abstecher in die Vierburgenstadt Neckarsteinach auf der gegenüberliegenden Neckarseite und wandern Sie hinauf zur Burg Schadeck. Von dort haben Sie einen atemberaubenden Blick auf die Feste Dilsberg.

Blick in den Brunnenschacht

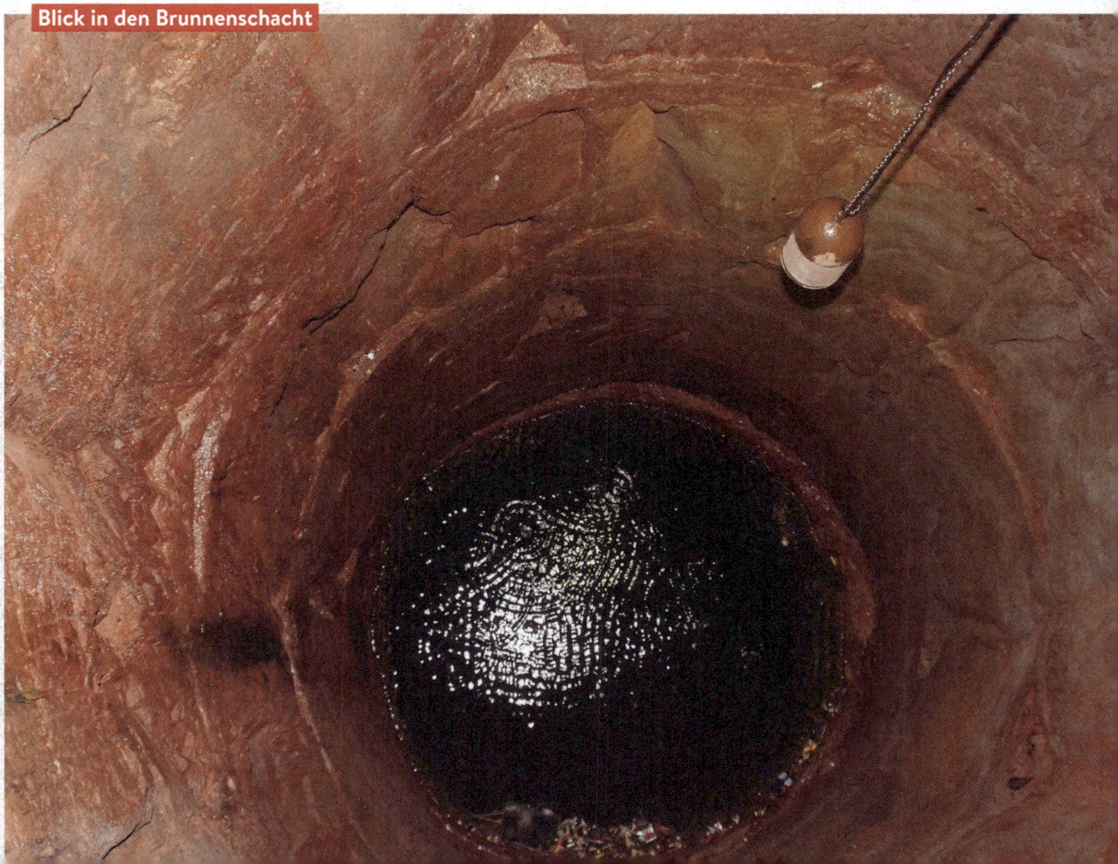

15

GRAUSAME GESCHICHTE EINES GRABMALS

Kirchhof der Peterskirche

An der ältesten Begräbnisstätte der Stadt geht man gewöhnlich mit flüchtigem Blick vorbei. Zugegeben, man nimmt beim Vorübergehen auch kaum wahr, dass sich hinter dem Mäuerchen rings um die Peterskirche alte Grabmale befinden.

Plöck 70 **Ort** 69117 Heidelberg **GPS** 49.409314, 8.7058316 **Anfahrt** Auto: Parkhaus Universitätsbibliothek. Bus 33 bis Haltestelle Peterskirche

Der älteste Friedhof des historischen Heidelberg

DER GRABSTEIN »Dem ehrbaren Handelsmanne Hans Jacob Rieter von Winterthur in der Schweiz. Er starb am 5. Mai 1811 an seinen Wunden von Räuber Hand geschlagen. Tief betrauert von allen, die ihn kannten«, lautet die Inschrift des teilweise von Moos bewachsenen Steins.

DER RAUBÜBERFALL Der Schweizer Textilkaufmann aus der alteingesessenen Kaufmannsfamilie Rieter in Winterthur hatte die Frankfurter Messe besucht und befand sich zusammen mit dem Kaufmann Rudolf Hanhart aus Zürich auf der Rückreise in die Schweiz. Gegen 1.30 Uhr nachts, zwischen Laudenbach und Hemsbach, wurde ihre Kutsche von der berüchtigten Odenwälder Hölzerlips-Bande überfallen. Die Banditen warteten beidseits der Chaussee im Straßengraben auf besagte Kutsche und sprangen hervor, als sie sich näherte. Der Postillion Simon Hoffmann sagte später aus, dass zwei der Räuber die Pferde anhielten, ihn vom Kutschbock herunterzogen und auf ihn einschlugen. Vom Gepolter wurden die beiden in der Kutsche schlafenden Schweizer wach. Rudolf Hanhart wollte hinausspringen, um zu sehen, was da vor sich ging, erhielt aber einen Schlag auf den Kopf, als er selbigen aus der Kutsche streckte. Er taumelte bewusstlos in den Graben und bekam nicht mit, was weiter geschah. Laut Postillion wurde auch Hans Jacob Rieter aus dem Wagen gezerrt, zusammengeschlagen und ausgeraubt. Die Räuber nahmen aus der Kutsche alles mit, was nicht niet- und nagelfest war. Als er von seinen Passagieren keinen Laut mehr hörte, hielt er sie für tot, stieg eilig auf seinen Kutschbock und fuhr nach Hemsbach, um beim Schultheiß Anzeige zu erstatten. Dieser schickte sofort eine Streifmannschaft zum Tatort.

DER TOD DES HANS JACOB RIETER Die Streife fand die beiden Schweizer in blutigen und zerrissenen Kleidern, aber beide lebten und stützten sich gegenseitig. Sie wurden ins örtliche Wirtshaus gebracht, wo sie von einem Arzt verbunden wurden. Der 32-jährige Rudolf Hanhart war nur leicht verletzt, dem 45 Jahre alten Hans Jacob Rieter war dagegen so schwer auf den Kopf geschlagen worden, dass der Arzt um dessen Leben fürchtete, während er ihm einen Kopfverband anlegte. Rieter wurde auf seinen Wunsch hin nach Heidelberg transportiert, wo er sich bessere Behandlungsmöglichkeiten erhoffte. Dort gab es berühmte Ärzte, allen voran Professor Jacob Fidelis Ackermann, der sechs Jahre zuvor die Poliklinik gegründet hatte. Die Heidelberger Ärzte konnten jedoch nichts für Rieter tun, seine Kopfverletzungen waren zu schwer. Der sechsfache Vater starb vier Tage nach dem Raubüberfall.

Der Grabstein des Schweizer Textilkaufmanns

Nur ein Bruchteil der Grabdenkmale ist noch erhalten.

Im Beisein seines ältesten Sohnes, der aus Winterthur angereist war, wurde Rieter auf dem Friedhof der Peterskirche beigesetzt.

DIE RÄUBERBANDE Bis zu dem Raubüberfall bei Hemsbach waren der Hölzerlips und seine Bande Kleinkriminelle, die im Odenwald für Diebstähle, Einbrüche und Raubüberfälle, allerdings ohne schwere Körperverletzung, gefürchtet waren. Nun wurden sie wegen Mordes gesucht. Ihr Anführer Georg Philipp Lang (*1770) bekam seinen Spitznamen, da er einst einen Handel mit Holzwaren betrieb; Lips ist eine Kurzform von Philipp. Über sein Leben vor seiner Räuberkarriere ist nicht viel bekannt, außer, dass er dem Fahrenden Volk der Jenischen angehörte. Zum Kriminellen wurde er erst spät – sein erstes registriertes Delikt war der Diebstahl eines Esels im Juli 1807. Zu seinen Kumpanen beim Raubüberfall auf die Kutsche gehörten Mannefriedrich, mit bürgerlichem Namen Philipp Friedrich Schütz, Sebastian Lutz, der erst 19-jährige Andreas Petry alias Köhlers Andres, Valentin »Veit« Krämer und Andreas Frank, in Räuberkreisen bekannt als der »lange Andres«.

DIE GEFANGENNAHME Nicht lange nach dem Überfall beobachtete man in den Babenhausener Wäldern (im heutigen Kreis Darmstadt-Dieburg) Gaunerfamilien, denen mit Knüppeln und Gewehren bewaffnete Bauern den Garaus machten. Dabei ging ihnen Veit Krämer ins Netz, bei dem man Diebesgut aus dem Hemsbacher Raub fand. Der Gauner wurde dem Richter in Darmstadt übergeben, der ihn zu einem Geständnis bewegte. Veit Krämer gestand sofort alles, nannte die Namen der Mittäter und wurde ins Heidelberger Gefängnis überführt. Durch Krämers Geständnis zu diesem und anderen Überfällen konnte nur wenig später der seit Langem gesuchte Räuber Mathias Österlein alias Krämer Mathes gefasst werden, der allerdings nicht am Hemsbacher Raubüberfall beteiligt war. In den kommenden Monaten konnten bis auf den langen Andres, der die zum Tode führenden Schläge ausgeführt haben soll, alle Beteiligten des Überfalls auf die beiden Schweizer Kaufleute gefasst werden. Nach dem Abschluss der Verhöre in Heidelberg wurde die Hölzerlips-Bande im Oktober 1811 ins Zuchthaus nach Mannheim verlegt. Drei Tage vor der Urteilsverkündung des »Blutgerichts« wurden die vier evangelischen Räuber Georg Philipp Lang, Mathias Österlein, Andreas Petry und Philipp Friedrich Schütz ins Gefängnis im nicht mehr existierenden Mannheimer Tor gesteckt, das sich am westlichen Ende der Altstadt befand, die beiden Katholiken, Veit Krämer und der 17-jährige Sebastian Lutz teilten sich eine Zelle im Tor an der Alten Brücke.

HEIDELBERGER BLUTGERICHT Die Verurteilung der Raubmörder war das wohl größte Event des frühen 19. Jahrhunderts in Heidelberg. 30 000 Schaulustige waren Ende Juli 1812 in die seinerzeit nur knapp 10 000 Einwohner zählende Stadt gekommen, um die Köpfe der Hölzerlips-Bande rollen zu sehen. Das Blutgericht tagte am 31. Juli um 10 Uhr auf dem Marktplatz in der Altstadt und verurteilte den »Hölzerlips« Georg Philipp Lang, den »Mannefriedrich« Philipp Friedrich Schütz, Veit Krämer und Mathias Österlein zum Tode. Andreas Petry und Sebastian Lutz wurden aufgrund ihrer Jugend zu einer lebenslangen Gefängnisstrafe verurteilt. Auf Schinderkarren wurden die zum Tode Verurteilten durch die Menschenmenge zum Richtplatz vor den Toren der Stadt gefahren. Das Schafott befand sich auf dem Gelände des heutigen Betriebshofs. Mannefriedrich war der erste, der zum Hinrichtungsstuhl geführt wurde. Gegen 12 Uhr mittags blitzte das Schwert von Scharfrichter Widtmann in der Sonne auf und wenige Sekunden später fiel der Kopf. Der mutmaßliche Mörder von Hans Jacob Rieter, Andreas Frank alias langer Andres, wurde nie gefasst.

Das besondere Erlebnis

Der Zeichenlehrer Friedrich Rottmann hat den Schuldspruch gegen die Hölzerlips-Bande 1812 auf einer Radierung dokumentiert. Schauen Sie sich das Werk »Blut-Gericht über die Raubmörder Hölzerlips und Gesellen in Heidelberg« im Kurpfälzischen Museum an (Hauptstr. 97).

Die älteste Kirche der Altstadt ist seit 1896 Universitätskirche.

Treppe hinauf zur Burgruine

16

DIE SAGENUMWOBENE BURGRUINE REICHENSTEIN

Das Reich des Raubritters

Dass hier mal eine Burg stand, lässt sich anhand der wenigen Mauerreste kaum mehr erkennen. Das tut der Legende um einen Raubritter allerdings keinen Abbruch.

Hollmuthstraße 8 **Ort** 69151 Neckargemünd **GPS** 49.389896, 8.800371
Anfahrt Auto: B37, bei Bammentaler Straße, B45 bis zur Burg. ÖPNV: Bus 35 bis Stadttor Neckargemünd, dann ca. 220 Meter bis zur Burg

DIE BURG Vermutlich entstand die Burg auf dem Berg Hollmuth Anfang des 13. Jahrhunderts als Reichsburg. Die ursprünglichen Besitzer sollen die Herren von Mauer, genannt Nessel, gewesen sein. Diether Nessel verlor 1286 aufgrund von Hochverrat seine sämtlichen Besitztümer und Lehen an König Rudolf I., der sie an Pfalzgraf Ludwig II. vergab. Worin dieser Hochverrat bestand, ist nicht bekannt. Später kamen die Güter der Nessels als pfälzische Lehen in den Besitz der Herren Landschad von Steinach. Ab 1329 war die Burg im Besitz der Pfälzer Kurfürsten, ehe sie Mitte des 14. Jahrhunderts an Bedeutung verlor. Letztmals urkundlich erwähnt wurde sie 1355. Ab dem 15. Jahrhundert verfiel sie zur Ruine und wurde fast komplett abgetragen. Die Terrassierung des Geländes in den 1930er-Jahren und die teilweise Sprengung des Burgplateaus im Jahr 1989 zum Bau eines Wasserspeichers taten ihr Übriges. Heute sind nur noch wenige Mauerreste vorhanden. Zu wenige, um sich ausmalen zu können, wie die mächtige Burganlage einst ausgesehen haben mag. Fakt ist, dass sie strategisch sehr günstig lag, da man von der Burg nicht nur das Neckartal, sondern auch das Elsenz- und Wiesenbachertal mit der alten Fernstraße von Heidelberg nach Mosbach im Blick hatte bzw. kontrollieren konnte.

RAUBRITTERNEST Um den Burgherren Diether Nessel, auch Dieter Nezel genannt, bildeten sich allerlei Legenden, in denen er als grausamer und habgieriger Raubritter dargestellt wird, der die Täler von Neckar, Elsenz und Wiesenbach, deren Zugänge er beherrschte, ganz schön terrorisiert haben soll. Wer seinen Weg kreuzte, musste nicht nur um sein Hab und Gut fürchten, sondern auch um sein Leben. Drohungen und Ermahnungen kümmerten ihn nicht weiter, denn hoch oben auf seiner schwer zugänglichen Burg fühlte er sich sicher.
Als der Kaiser ihm eines Tages per Bote den

↓ Ein enger Pfad führt zur Burg.
↘ Der efeubewachsene Torbogen gibt der Ruine etwas Märchenhaftes.

schriftlichen Befehl schickte, unverzüglich mit seinen Untaten aufzuhören, zerriss Nessel den Brief höhnisch und ließ den Boten an

Nicht alle Mauersteine stammen aus den Anfangstagen der Burg.

einer Eiche aufhängen. Der Kaiser reagierte prompt und schickte ein Heer, das die Burg stürmte und Nessel gefangen nahm. Er wurde zum Tode verurteilt und an dem Baum aufgehängt, an dem der Bote sein Ende gefunden hatte. So die Legende. War Diether Nessel tatsächlich so grausam? Bekannt ist lediglich sein Verbrechen des Hochverrats. Als er im späten 13. Jahrhundert deshalb alles verlor und plötzlich weg war, begann die Legendenbildung um ihn und seine angeblichen Untaten.

DER RABE Einer Sage nach soll die Burg alle hundert Jahre in ihrem ursprünglichen Zustand zu sehen sein – dabei soll sie allerdings lichterloh in Flammen stehen. Einer anderen Legende nach soll auf der Burg ein mächtiger Ritter mit seiner Tochter gelebt haben. Diese hatte einen Raben gezähmt und ihm das Aussprechen ihres Namens »Uta« beigebracht. Da Uta so schön und zudem eine gute Partie war, warb der Ritter Bligger von Steinach um sie. Der gefiel Uta aber nicht und sie wies ihn zurück. Der Zurückgewiesene wartete, bis der Vater die Burg für mehrere Tage verließ und entführte das Mädchen über den Neckar in seine Burg »Schwalbennest«. Da sie sich nicht willig zeigte, sperrte er sie dort in den Kerker. Am nächsten Morgen hörte Uta, wie jemand vom Kerkerfenster her ihren Namen rief. Es war der Rabe, der ihr Beeren und Nüsse brachte. Das tat er nun täglich, damit Uta nicht verhungerte. Als Bligger den Raben eines Tages beim Beerenbringen entdeckte, wurde er wütend und nahm seine Armbrust, um auf den Vogel zu schießen. Doch der Rabe war schneller. Er stürzte sich auf Bligger und hackte ihm die Augen aus. In seinem Versuch, dem Angreifer auszuweichen, kam er ins Stolpern und stürzte in die Tiefe. Uta war gerettet. Uta von Reichenstein gab es wohl nie, den Minnesänger Bligger von Steinach schon. Aber der raubte keine Burgfräulein.

Das besondere Erlebnis

Machen Sie eine Wanderung auf dem Neckarsteig (Etappe 2 Neckargemünd–Neckarsteinach) zur Burgfeste Dilsberg. Die Wanderung beginnt am S-Bahnhof Neckargemünd. Hier finden Sie die Markierungen des Neckarsteigs, die mit einem blauen N auf weißem Grund gekennzeichnet sind. Der Steig führt zwar um die Burgfeste herum, aber anstatt nach Neckarsteinach weiterzuwandern, machen Sie einen Abstecher zum Dilsberg.

Torruine mit Aussicht

17

DER VERGESSENE BRÜCKENKOPF

Überbleibsel der Schwarzen Brücke

Man radelt oder fährt mit dem Auto achtlos daran vorbei, und wenn der Blick dann tatsächlich mal daran hängenbleibt, fragt man sich, zu welchem Zweck dieser mit Graffiti beschmierte Betonblock hier eigentlich steht.

Mannheimer Straße (Höhe Nr. 15) **Ort** 69115 Heidelberg **GPS** 49.4103206, 8.6603669
Anfahrt Auto: B37 bis Mannheimer Straße; ÖPNV: Straßenbahn 5 bis Haltestelle Berufsschule, dann 8 Minuten Fußweg

An einen Brückenkopf erinnert der Betonblock nicht gerade.

DIE BRÜCKE Dass er Teil einer Brücke über den Neckar war, darauf muss man erst einmal kommen. Der mehrere Meter hohe Betonblock, der mal als Brückenkopf fungierte, steht direkt am Ortsausgang des Stadtteils Bergheim. Wäre die Brücke heute noch da, würde sie direkt ins Neuenheimer Feld führen. Als es sie noch gab, war sie Teil einer Güterbahnstrecke, die von der Oberrheinischen Eisenbahn-Gesellschaft (OEG) betrieben wurde. Die dreibogige Eisenbahnbrücke wurde am 16. Juli 1906 nach zwei Jahren Bauzeit eröffnet. Im Volksmund nannte man die 230 Meter Neckarbrücke bald »Schwarze Brücke« aufgrund der Farbe ihrer Bogen. Anlässlich der Neckarkanalisation erhielt sie 1924 einen vierten Bogen – dabei wurde die Konstruktion um 2,40 Meter angehoben. Transportiert wurde auf der Strecke vor allem Gestein aus den Steinbrüchen in Dossenheim und Schriesheim, das im Raiffeisenmarkt in Handschuhsheim lagerte und zum Weitertransport an den Heidelberger Hauptbahnhof gebracht wurde. Dieser befand sich damals noch zwischen der heutigen Poststraße und der Kurfürstenanlage.

NEUE GÜTERBAHNLINIE Errichtet wurde die Brücke im Auftrag der Süddeutschen Eisenbahn-Gesellschaft (SEG), die im Jahr 1906 mit der Brücke die neue Güterbahnlinie einweihte. Die 8,4 Kilometer lange Strecke führte vom Güterbahnhof der SEG am südlichen Ende der Karl-Metz-Straße über den Ochsenkopf, den Neckar, das Neuenheimer Feld und über den damaligen Handschuhsheimer Güterbahnhof nach Dossenheim und Schriesheim. Dank der neuen Linie erhielten die Dossenheimer und Schriesheimer Steinbrüche einen direkten Anschluss an die Staatsbahn und auch die Produkte der Handschuhsheimer Bauern und Gärtner konnten nun schneller zum Güterbahnhof transportiert und umgeladen werden. 1911 übernahm die neu gegründete OEG die Güterbahnlinie von Heidelberg nach Schriesheim und aus der SEG- wurde die OEG-Brücke.

ZERSTÖRUNG DER BRÜCKE Ende März 1945 wurde die Brücke wie alle anderen Neckarbrücken in Heidelberg von der Wehrmacht gesprengt, um so den Einmarsch der US-Armee zu verlangsamen. Zwei Jahre nach Kriegsende wurde sie wieder aufgebaut und der Betrieb des Güterverkehrs zwischen Heidelberg und Schriesheim wieder aufgenommen.
Aufgrund mangelnder Rentabilität stellte man die Güterbahnlinie am 1. Juli 1970 ein, und die Brücke wurde zwischen Oktober 1970 und Juni 1971 abgerissen. Bis auf den Brückenkopf in der Mannheimer Straße. Er war der Fuß des letzten Bogens. Auf und neben der Güterbahntrasse im Neuenheimer Feld entstand ein Universitätsneubaugebiet und dort, wo die Brücke den Neckar querte, in den 1980er-Jahren das Naturschutzgebiet »Unterer Neckar: Altneckar Heidelberg-Wieblingen«.

Das besondere Erlebnis

Machen Sie einen Spaziergang oder Radausflug entlang des naturbelassenen Altarms des Neckars im Naturschutzgebiet Altneckar Heidelberg-Wieblingen. Sie begegnen einer einzigartigen Auenlandschaft, in der zahlreiche streng geschützte und vom Aussterben bedrohte Arten wie Eisvogel, Fischadler, Flussuferläufer, Silberreiher und Biber zu Hause sind. Zwischen April und Juli hört man in der Flusslandschaft am Neckarhamm in Wieblingen sogar den Ruf des Kuckucks. Die Mannheimer Straße führt auf 3 Kilometern am Altneckar entlang nach Wieblingen.

Kaum mehr vorstellbar, aber hier tobte der Dreißigjährige Krieg.

18

EIN VERGESSENER FLECKEN

Spuren des Dreißigjährigen Krieges

Nicht, dass das Waldgebiet hinter der Hutzelwaldhütte ein einsamer oder verlorener Ort wäre, aber dass sich dort während des Dreißigjährigen Krieges Lager und Stellungen befanden, ist weniger bekannt. Wer genau hinschaut, kann im Gelände noch Laufgräben erkennen.

Hutzelwaldhütte, Johannes-Hoops-Weg **Ort** 69117 Heidelberg **GPS** 49.400398, 8.69905
Anfahrt Auto: Über Klingenteichstraße zum Parkplatz beim Klettergebiet Riesenstein II, dann weiter zu Fuß

DIE BELAGERUNG HEIDELBERGS Nachdem General Tilly, der Heerführer der Katholischen Liga, im Juli 1622 vergeblich versucht hatte, Heidelberg vom Norden her einzunehmen, besetzte er mit 15 000 Mann die Höhenlagen auf der Südseite der Stadt (Königstuhl, Gaisberg, Boxberg). Dort ließ er Zeltstädte und Artilleriestellungen errichten sowie Laufgräbern aufwerfen, in denen die Soldaten vor Kugelhagel geschützt zu den Stadtbastionen »Trutzkaiser« und »Trutzbayer« vordringen konnten. Der Trutzkaiser war ein Wehrturm am Hang des Gaisbergs, der 1462 unter Kurfürst Friedrich I. errichtet wurde, der sich seinerzeit in einer Fehde mit Kaiser Friedrich III. befand. Er »trutzte« (trotzte) dem Kaiser. Etwas oberhalb des Bollwerks wurde 1621 der Trutzbayer zum Schutz gegen die heranrückenden Truppen Tillys errichtet. Trotzdem konnten sie diesem nicht standhalten. Gegen die militärische Übermacht General Tillys hatten die kurfürstlichen Truppen nicht die geringste Chance. Heidelberg kapitulierte im September 1622. In der zweiten Hälfte des 20. Jahrhunderts wurden auf dem Gaisberg bei der Hutzelwaldhütte unzählige Fundstücke der Belagerer aus jener Zeit gefunden, darunter Schanzwerkzeug, Kanonenkugeln sowie Objekte aus den Bereichen Feldküche, ärztliche Versorgung, Tross und Wagen, Glaube und Religion und andere.

WIE ALLES BEGANN Als Auslöser des drei Jahrzehnte währenden Konflikts gilt der Prager Fenstersturz, dem ein Streit zwischen den protestantischen Ständen in Böhmen und ihrem kaisertreuen katholischen König vorausgegangen war. Sie warfen dem Landesherrn vor, die ihnen im Jahr 1609 von Kaiser Rudolph II. zugestandene Religionsfreiheit zu verletzen, als die evangelische Kirche in Klostergrab abgerissen und die St.-Wenzels-Kirche in Braunau geschlossen wurde. So kam es, dass Vertreter der protestantischen Stände am 23. Mai 1618 nach einem improvisierten Schauprozess drei königliche Statthalter aus dem Fenster in den Burggraben warfen. Auch wenn alle drei den Sturz überlebten, war die Tat eine Kriegserklärung an den Kaiser und der Anfang des Aufstands der böhmischen Protestanten gegen die katholischen Habsburger. Um Religion allein ging es dabei allerdings nicht. Der Akt war vor allem ein Protest gegen die Herrschaft der Habsburger in Böhmen. Der Heidelberger Kurfürst Friedrich V. spielte bei dem Konflikt eine nicht unwesentliche Rolle.

Historischer Wegstein am Hutzelwaldweg

Befanden sich hier
die Zeltstädte Tillys?

»WINTERKÖNIG« FRIEDRICH V. Als Kaiser Matthias, der seit 1611 auch König von Böhmen war, im März 1619 starb, sah der Kurfürst seine Stunde gekommen. Den bereits zwei Jahre zuvor gekrönten Nachfolger Ferdinand II. wollten die protestantischen böhmischen Adelsstände nicht als ihren König anerkennen. Damit der Habsburger erst gar nicht auf die Idee kam, einzumarschieren, schufen sie mit der Böhmischen Konföderation ein Schutz- und Trutzbündnis, das den König als Oberhaupt der böhmischen Kronländer weitgehend entmachtete, die Regierungsgewalt in die Hände der Stände legte und Böhmen wieder zur Wahlmonarchie machte. Der König, den sie allerdings auf dem Thron sehen wollten, Johann Georg von Sachsen, sagte jedoch ab. So blieb nur der Kurpfälzer Friedrich V. als Kandidat übrig – keiner sonst wollte den Konflikt mit Ferdinand riskieren. Friedrich war mehr als willig. Schon deshalb, weil er mit der schottischen Königstochter Elisabeth Stuart verheiratet war und deren Vater, Jakob VI., schon gern einen König zum Schwiegersohn gehabt hätte.

Am 24. August 1619 wurde der 23-Jährige zum König von Böhmen gewählt, nur vier Tage später kürten die Kurfürsten den Habsburger Ferdinand II. in Frankfurt zum Kaiser des Heiligen Römischen Reiches. Dieser ließ sich nicht auf Verhandlungen mit den böhmischen Ständen ein, sondern setzte auf deren gewaltsame Niederwerfung. Der Protestant Friedrich V. wurde am 3. November 1619 in Prag zum König von Böhmen gekrönt. Mit über 150 Wagen und einer Entourage von mehr 560 Personen war er kurz zuvor in Prag eingezogen. Die Streitereien mit den Ständen ließen nicht lange auf sich warten, denn der neue König hatte die Schlüsselstellungen am Hof ausschließlich mit seinen eigenen Leuten besetzt. Als Kaiser Ferdinand II. versuchte, Friedrich in seine Schranken zu weisen, fehlten diesem die Verbündeten am Hof, stattdessen hatte er nun die böhmischen Stände gegen sich.

UM EINE LANGE GESCHICHTE KURZ ZU MACHEN Friedrich floh nach nicht einmal einem Jahr Amtszeit mit Frau und Kindern ins niederländische Exil. Seine kurze Zeit als König von Böhmen brachte ihm den spöttischen Beinamen »Winterkönig« ein. Friedrich starb im November 1632 im Alter von 36 Jahren an der Pest. Zu dem Zeitpunkt waren längst nahezu alle europäischen Staaten in den Dreißigjährigen Krieg involviert.

Schutzhütte Hutzelwaldhütte am Johannes-Hoops-Weg

Das besondere Erlebnis

Einen Teil des einzigartigen »Tilly-Fundes«, der das Leben im Soldatenlager widerspiegelt, können Sie im Kurpfälzischen Museum (Hauptstr. 97) bestaunen.

19

ZUFLUCHTSORT FÜR DIE AUSSÄTZIGEN

Gutleuthofkapelle im Stadtteil Schlierbach

Pfalzgraf Ludwig III. stiftete die Kapelle 1430 für das Siechenhaus für Aussätzige. Heute ist das schnörkellose kleine Kirchlein, das irgendwie verloren am Ortsrand steht, fast in Vergessenheit geraten.

Gutleuthofweg 2A (Höhe Schlierbacher Landstraße 172) **Ort** 69118 Heidelberg **GPS** 49.4150527, 8.7624928 **Anfahrt** Auto: via Schlierbacher Landstraße/B37; ÖPNV: Bus 35 bis S-Bahnhof Schlierbach

Links der Kapelle befand sich mal ein Anbau.

Einst war die Kapelle Schlierbachs einziger Kirchenbau.

MITTELALTERLICHE »QUARANTÄNESTATION« Als sich Lepra im Mittelalter in Deutschland ausbreitete, entstanden Ende des 12. Jahrhunderts vor den Mauern der Städte Siechen- und Leprosenhäuser zur Unterbringung und Versorgung der Infizierten. »Aussätzige« und »Gutleut«, »des Herrgotts gute Leute« nannte man die an Lepra Erkrankten. Angeblich, weil ihr Elend gesunden Menschen die Gelegenheit bot, sich durch gute Werke einen Platz im Himmel zu sichern. Nachdem die römisch-katholische Kirche auf dem »Dritten Laterankonzil« 1179 »die Einrichtung von Kirchen und die Anstellung von Priestern für Gemeinschaften von Aussätzigen« beschlossen hatte, boomte der Bau von Leprosenhäusern inklusive dazugehöriger kleiner Kirchen und Kapellen als Orte der Barmherzigkeit. Die dem Erlöser, seiner Mutter Maria und dem heiligen Laurentius geweihte Kapelle in Schlierbach wurde kurz nach dem Bau des Gutleuthofs errichtet. Der Heilige gilt in der katholischen Kirche als Schutzpatron der Aussätzigen. Der Gutleuthof umfasste Landwirtschaft, Ackerfläche, Wiesen und ein Stück Wald und ähnelte mit seiner Kapelle und dem angeschlossenen Friedhof einem Kloster. Hier fristeten die Leprakranken ausgegrenzt von der Gesellschaft ihr Dasein.

DAS ENDE DES GUTLEUTHOFS Als Lepra Ende des 16. Jahrhundert in Europa fast vollständig verschwunden war, wurde der Gutleuthof in Schlierbach als Elendsherberge für Arme, Kranke und Bedürftige genutzt und 1741 in das »Gasthaus zur Alpenrose« umfunktioniert. Im Mai 1880 wurde das Haus bei einem Brand komplett zerstört, der Kapellenanbau nahm jedoch keinen Schaden. An der Westfassade der Kapelle sind noch Mauerreste des Gutleuthofs zu erkennen.

DER LEPROSENSTEIN An einer Seitenmauer der Kapelle steht ein grob behauener Stein, auf den eine Lepraklapper eingraviert ist. Bei wem im Mittelalter Lepra diagnostiziert wurde, der musste die dreiteilige Klapper aus Holz deutlich sichtbar tragen und damit klappern, um vor sich selbst zu warnen, sodass Gesunde auf Abstand gehen konnten. Kein Geräusch wurde damals mehr gefürchtet als das der Klappern.

DIE GUTLEUTHOFKAPELLE Man nimmt sie kaum wahr, so unscheinbar steht die kleine Kapelle aus Bruchstein am Ortsrand. Das heute älteste Gebäude Schlierbachs ging 1883 in städtischen Besitz über und war bis zum Bau der Katholischen Pfarrkirche 1901 und der evangelischen Bergkirche 1910 der einzige Kirchenraum in Schlierbach. Beide Konfessionen nutzten ihn für Gottesdienste. Beim Bau der Neckar-Odenwald-Bahn ab Ende der 1850er-Jahre wurde der angrenzende Friedhof von der Kapelle getrennt, um Platz für die Gleise zu schaffen. Die Südwand der Kapelle wurde als Stützwand für die Konstruktion verwendet. Sie versank im Erdreich, was zur Folge hatte, dass es im Innenraum bald sehr feucht war. Man sprach davon, die Kapelle abzureißen, was jedoch Proteste der Schlierbacher hervorrief. Die Stadt beschloss daraufhin, das kleine Kirchlein zu renovieren. So kam es, dass ein Gemälderestaurator, der 1921 den Innenraum untersuchte, mittelalterliche Freskenmalereien unter den überstrichenen Wänden entdeckte. Da die Südwand durch die Erde aber mittlerweile komplett durchfeuchtet war, war eine Freilegung der Fresken vorerst nicht möglich. Erst nachdem die Bahn die Südmauer im Jahr 1939 durch einen Graben freilegte und die Mauer so trocknen konnte, konnte man eine Renovierung des Innenraums in Angriff nehmen. Die Fresken wurden zwei Jahre später freigelegt und restauriert. Bei der Außenrenovierung 1950 erhielt die Kapelle ein neues Dach, und acht Jahre später wurde der Innenraum renoviert und mit Heizung, Elektrik und neuen Stühlen ausgestattet. Letztmals renoviert wurde er 1987. Die Kapelle ist verschlossen und nur sonntags von 11 bis 17 Uhr zum persönlichen Gebet geöffnet. Zudem findet montags von 7.15 bis 7.45 Uhr ein Morgengebet statt (www.gutleuthofkapelle.de).

Das besondere Erlebnis

Machen Sie eine Wanderung hinauf zum Wolfsbrunnen in der Wolfsbrunnensteige 15. Über den Hermann-Löns-Weg oder die Straße Am Schlierbachhang sind es ca. 1,8 Kilometer zu Fuß. Um die historische Brunnenanlage rankt sich die Sage um die Seherin Jetta, die dort von Wölfen zerrissen worden sein soll.

Sind die ersten Blätter im Herbst ab, ist die Kapelle gut erkennbar.

Das älteste Grab des Bergfriedhofs

20

DAS GRAB DES ERSTEN

Bergfriedhof Heidelberg

Kaspar Job starb am Tag seiner Geburt. Er war der erste Tote, der auf dem Bergfriedhof bestattet wurde – vier Monate, bevor dieser offiziell eröffnete.

Steigerweg 20 **Ort** 69115 Heidelberg **GPS** 49.3962255, 8.692325 **Anfahrt** Auto: via Rohrbacher Straße/B3; ÖPNV: Bus 29 bis Haltestelle Weststadt/Südstadt, dann 5 Minuten Fußweg. Hinweis: Wenn Sie den Friedhof am Steigerweg betreten, gehen Sie am Schild »Beginn Rundweg I« gleich nach links und folgen Sie dem Weg parallel zur Straße. Das Grab befindet sich auf der rechten Seite in der Abteilung F.

DER FRIEDHOFSGÄRTNER Der kleine Kaspar war der Sohn des ersten Friedhofsgärtners und Aufsehers des Bergfriedhofs, Kaspar Job senior, der mit seiner schwangeren Frau Anna in einem Haus auf dem weitläufigen Friedhofsgelände wohnte. Anna erwartete Zwillinge. Mehrlingsgeburten waren im 19. Jahrhundert gefährlich, selbst für Frauen, die sich die beste medizinische Versorgung leisten konnten. Die Säuglingssterblichkeit war hoch – quer durch alle sozialen Schichten. Als die Babys am 19. Mai 1844 auf die Welt kamen, überlebte nur die kleine Elise. Die Familie bekam eine Sondergenehmigung, den kleinen Kaspar auf dem noch nicht eröffneten Friedhof zu bestatten. Was für eine Tragik es für die Eltern gewesen sein muss, ihr Neugeborenes als ersten Toten in der noch ungeweihten Erde zu begraben. Kasper Job senior übte seinen Beruf als Friedhofsgärtner auf dem Bergfriedhof noch 34 Jahre lang aus. Gut möglich, dass er während seiner Arbeit täglich am Grab seines Sohnes vorbeikam. Im März 1891 wurde Anna im Familiengrab neben ihrem Sohn beigesetzt, vier Jahre später folgte ihr Mann Kaspar.

VOM WEINBERG ZUM FRIEDHOF Als Mitte des 19. Jahrhunderts die Einwohnerzahl Heidelbergs stark anstieg, wurde es auf den beiden heute nicht mehr existierenden Altstadtfriedhöfen Sankt Anna und Peterskirchhof bald zu eng. So beschloss der Stadtrat, im ehemaligen Weinberg Eisengrein an den westlichen Ausläufern des Gaisbergs den ersten überkonfessionellen Friedhof unter kommunaler Führung zu errichten. Mit der Ausführung beauftragt wurde der großherzoglich badische Garteninspektor Johann Christian Metzger, der die nach Osten hin ansteigende Friedhofsanlage nach dem Vorbild englischer Landschaftsgärten entwarf. Die Terrassierung des früheren Weinbergs behielt er bei, plante ein geschwungenes Wegenetz mit teils verschlungenen Wegen für Spaziergänge mit ein und ließ das Gelände mit heimischen und exotischen Bäumen, Sträuchern, Hecken und Rabatten bepflanzen. Auf dem damals höchsten Punkt des Friedhofs errichtete der Stadtbaumeister Jakob Julius Greiff eine Kapelle, die an drei Seiten von Arkaden umgeben ist.
Der Friedhof wurde nach zweijähriger Bauzeit am 18. September 1844 als »Neuer Friedhof an der Steige« feierlich eröffnet. Bereits einen Tag später fand die erste »offizielle« Bestattung statt. Zu Grabe getragen wurde der 13-jährige Paul Rasp, der sich bei einem Sturz tödliche Verletzungen zugezogen hatte. Das Grab ist heute nicht mehr erhalten.

Der Grabstein wurde erst sehr viel später gesetzt.

Die Eltern folgten dem kleinen Kaspar fünf Jahrzehnte später.

NEUER NAME Ab den 1860er-Jahren wurde der Friedhof kontinuierlich erweitert, der Parkcharakter jedoch beibehalten. Im südlichen Teil des Geländes entstand der Jüdische Friedhof, der 1876 als eigenständiger Friedhof eröffnet wurde. In den 1920er-Jahren beschloss die Stadt, einen Teil des Stadtwalds als Begräbnisstätte zu nutzen. Die erste Beerdigung in der neuen Waldabteilung fand im Januar 1928 statt. Der zweite Tote, der hier bestattet wurde, war im Monat darauf der Chemiker Theodor Curtius, Entdecker der Stickstoffwasserstoffsäure, der Diazoverbindungen und des Hydrazins. Mit der neuen Waldabteilung am hohen Hang im Südosten des Geländes wurde der »Neue Friedhof an der Steige« nun in Heidelberger Bergfriedhof umbenannt. Heute umfasst der Friedhof mehr als 17 400 Gräber, verfügt über ein Wegenetz von über 20 Kilometern Länge und zählt zu den schönsten Friedhöfen Deutschlands.

Das besondere Erlebnis

Schauen Sie sich auf dem Bergfriedhof den deutschlandweit einzigartigen »Erinnerungsgarten der Kulturen« an. Das 2019 eröffnete Grabfeld mit asiatischen, alpinen, mediterranen, mitteleuropäischen und orientalischen Bereichen ist für Menschen aus unterschiedlichen Ländern, Kulturen und Religionen gedacht. Entlang hübsch geschwungener Wege gibt es einen Bachlauf, Bambus, Olivenbäume, Palmen, japanische Ahornsorten und andere Pflanzen. Im Zentrum befindet sich ein Pavillon für Open-air-Veranstaltungen. Sie finden den Erinnerungsgarten im nordwestlichen Teil des Friedhofs, angrenzend an die Rohrbacher Straße. Betreten Sie den Friedhof deshalb am besten über den Haupteingang in der Rohrbacher Straße 115.

MANNHEIM

Sarkophag von Kurfürst Carl Philipp
in der Gruft der Schlosskapelle

21

DAS UNTERIRDISCHE MANNHEIM

Tiefbunker im Quadrat E6

Die Quadratestadt verfügte während des Zweiten Weltkriegs über mehr Bunker als jede andere Industriestadt in Deutschland. Wie sich das Leben in einem Tiefbunker während des Bombenhagels angefühlt hat, erfährt man bei einer Führung.

E 6 (beim Friedensengel) **Ort** 68159 Mannheim **GPS** 49.489882, 8.461769
Anfahrt ÖPNV: Straßenbahn 1 oder 5 bis Haltestelle Rathaus. Der Bunker kann nur im Rahmen einer Führung besichtigt werden. Termine und Anmeldung: www.mannheimtours.de

Ein langer Gang führt ins Bunkerinnere.

Dank Wegweiser findet man immer wieder zum Ausgang zurück.

DIE PFORTE ZUM UNTERGRUND liegt verborgen unter einem verschlossenen Gitter im Boden, unter dem man vielleicht einen Einstieg zur Kanalisation vermutet, nicht aber den Eingang zu einem über 80 Jahre alten Weltkriegsbunker. Eine düstere Treppe führt hinunter zu einem verrosteten Gittertor, hinter dem sich die massive Eingangstür zum Bunker befindet. Entlang von zwei langen schmalen Gängen liegen zahlreiche Schutzräume, die 267 Sitzplätze bzw. im Alarmfall maximal 800 Stehplätze boten. Der Bunker gehörte zu den kleinsten Luftschutzbunkern Mannheims. An den Wänden dokumentieren Fotos den Bunkerbau und die Zerstörung der Stadt. Im Maschinenraum können die Wasser- und Stromversorgung sowie die Be- und Entlüftung bestaunt werden. Die Rohre, die das Abwasser nach draußen beförderten, haben in den vergangenen Jahrzehnten ordentlich Rost angesetzt. Die Ecken der Wände sind voller Spinnweben, hier und da bröckelt der weiße Verputz ab. Der graue Betonboden ist an manchen Stellen feucht. Waschräume und Toiletten sind noch vorhanden, aber längst nicht mehr funktionsfähig. Es gab im Bunker auch ein Arzt- und Entbindungszimmer. Die Küche ist mit Utensilien von anno dazumal ausgestattet. Vom Rathaus im gegenüberliegenden Quadrat E 5 führte ein Fluchttunnel in den Bunker, der jedoch nach dem Krieg zugemauert wurde.

DER MANNHEIMER BUNKERBAU Dass Mannheim während des Zweiten Weltkriegs über mehr Bunker verfügte als jede andere deutsche Industriestadt, ist dem Architekten Alfred Speer (1905–1981) zu verdanken. Der gebürtige Mannheimer war Hitlers Generalbauinspektor und bewilligte Josef Zizler, dem Oberbaudirektor der Stadt, weit mehr finanzielle Mittel für den Bunkerbau als anderen Städten. Man kann annehmen, dass dies aus Liebe zu seiner Heimatstadt geschah. Da die Nationalsozialisten ahnten, dass die Engländer die strategisch wichtige Stadt früher oder später bombardieren würden, begannen sie im November 1940 mit dem Bunkerbau und beschleunigten ihn, nachdem Mannheim nur einen Monat später als erste deutsche Stadt von der Royal Air Force mit einem Luftangriff attackiert wurde. Innerhalb von zwei Jahren entstanden 32 Tiefbunker und 20 Hochbunker, vier Sitzbunker, zahlreiche Splitterbunker und Luftschutzkeller, die circa 130 000 Menschen aufnehmen konnten. Josef Zizler galt als Ästhet und ließ aus architektonischen Gründen in den Quadraten der Innenstadt die weitaus teureren Tiefbunker bauen, um der Barockstadt Mannheim nicht ihre Optik zu nehmen. Während des seit Kriegsbeginn schwersten Luftangriffs auf Mannheim und Ludwigshafen in der Nacht vom 5. auf den 6. September 1943 legten 554 Bomber die Stadt mit 200 000 Stabbrandbomben, 2000 Sprengbombern, 100 Luftminen und 30 000 Phosphorbomben in Schutt und Asche. Der Angriff dauerte von 23.23 Uhr bis 2.45 Uhr und zerstörte 80 Prozent der Stadt. Dass es dabei »lediglich« 2171 Tote gab, war den Bunkern zu verdanken.

DER BUNKER ALS NOTUNTERKUNFT Da bei Ende des Zweiten Weltkriegs mehr als 80 Prozent der Wohnungen in Mannheim beschädigt und zum großen Teil unbewohnbar waren, wurden die Bunker, so auch dieser, als Wohnraum genutzt. Angenehm war

Hier lagerten einst Verbandszeug und Medikamente.

das Leben darin nicht. Weil viele Familien im Bunker untergebracht waren, herrschte dort extreme Enge. Es gab nur künstliches Licht, gelüftet werden konnte nicht, geheizt werden ebenso wenig, denn es gab keine Luftabzüge nach draußen. Die sanitären Verhältnisse waren unzulänglich, von Ungeziefer ganz zu schweigen. Die Luft war feucht, Kleidung und Schuhe begannen zu schimmeln. Oft stand Wasser, das an den Wänden herunterlief, mehrere Zentimeter hoch auf den Betonböden. Lungenkrankheiten breiteten sich aus, vor allem Kinder litten unter Bronchialasthma. Im August 1949 beschloss der damalige Oberbürgermeister, dass keine Familien mit Kindern mehr in Bunkern wohnen bleiben sollen. Es vergingen allerdings noch fünf Jahre, bis alle Familien mit Nachwuchs aus den Bunkern in Wohnungen unterkamen.

Das besondere Erlebnis

Möchten Sie mehr zur Geschichte Mannheims während des Zweiten Weltkriegs und den Bunkern erfahren? Dann sehen Sie sich die stadtgeschichtliche Ausstellung im MARCHIVUM (Archivplatz 1) an. Das Stadtarchiv ist in einem ehemaligen Hochbunker untergebracht, der bei Bombardierungen bis zu 7500 Menschen Schutz bot.

Die Pforte in den Untergrunde

Eine Schlacht, an die sich heute kaum einer mehr erinnert.

22

DAS VERGESSENE DENKMAL

Erinnerung an eine Fehde

Das Monument auf einer Anhöhe am Saarburger Ring liegt so versteckt zwischen Bäumen und Gestrüpp, dass man es kaum wahrnimmt. Und wer weiß schon, dass sich hier mal ein Schlachtfeld befand?

Saarburger Ring (auf Anhöhe bei Nr. 1–5) **Ort** 68239 Mannheim-Friedrichsfeld **GPS** 49.4462497, 8.5748849 **Anfahrt** ÖPNV: S-Bahn bis Friedrichsfeld Süd, dann Bus 44 bis Saarburger Ring

DER ANSPRUCH DES PFALZGRAFEN

Wäre Kurfürst Ludwig IV. nicht schon mit 25 Jahren verstorben, wäre vielleicht alles ganz anders gekommen und es hätte keinen Zank zwischen dem Pfalzgrafen Friedrich und Kaiser Friedrich III. gegeben. So aber kam es, dass Ludwigs jüngerer Bruder Friedrich (1425–1476) die Vormundschaft für dessen einjährigen Sohn Philipp übernahm, der einmal die Nachfolge als Kurfürst antreten sollte. Da er allein als Vormund nicht die Macht eines Kurfürsten hatte, beschloss er, seinen Neffen zu adoptieren und auf eine Ehe und eigene Kinder zu verzichten, um die gegebene Erbfolge nicht zu gefährden. Als Adoptivvater des künftigen Kurfürsten nahm er sich 1451 das Recht heraus, sich selbst zum Kurfürsten zu ernennen.

DER ZORN DES KAISERS Die Fürsten und selbst der Papst bestätigten dieses Recht, nicht aber Friedrich III. Der Habsburger war seit 1440 Kaiser des Heiligen Römischen Reiches. Er allein, fand er, hätte in diesem Fall das Recht gehabt, seinen Heidelberger Namensvetter zum Kurfürsten zu ernennen. Oder auch nicht. Da Friedrich I. nun aber die Fürsten und den Papst auf seiner Seite hatte, konnte der Kaiser sich politisch nicht gegen ihn durchsetzen. So rief er den Reichskrieg gegen ihn aus und versuchte, benachbarte Fürsten dazu aufzuwiegeln, die Reichsacht gegen den Widersacher durchzusetzen. Erst Jahre später, 1460, gelang es ihm dank verbündeter Bischöfe und Fürsten, einen Krieg gegen den Kurfürsten zu führen.

DER KRIEG Im Juli 1460 zog das Heer des Mainzer Erzbischofs Diether von Isenburg und des Grafen von Leiningen gegen die Truppen Friedrichs I. Der Kurfürst ging in der entscheidenden Schlacht bei Pfeddersheim als Sieger hervor. Darüber war der Kaiser alles andere als glücklich, sodass er zwei Jahre später erneut gegen seinen Namensvetter zu Felde zog. Dieses Mal, so glaubte er, stünden die Chancen eindeutig besser, den unliebsamen Heidelberger zu besiegen. Hatte er doch den neuen Mainzer Erzbischof sowie weitere Pfalz- und Markgrafen für ein Bündnis gegen den Pfälzer Kurfürsten gewinnen können. Vom Süden her in die Pfalz einzufallen, schien dem Kaiser der perfekte Plan für einen schnellen Sieg. So belagerte er mit einem 10 000 Mann starken Heer Heidelsheim, heute ein Stadtteil von Bruchsal, und ließ die umliegenden Dörfer abbrennen und ihre Einwohner niedermetzeln, um den Pfälzern zu schaden.

DIE VERHEERENDE SCHLACHT BEI SECKENHEIM Friedrich I. ahnte, dass der Kaiser einen Überraschungsangriff plante, und verdarb ihm diesen gründlich.

Klammheimlich sammelte er seine Truppen inklusive 2000 Mann Fußvolk aus Bauern und Bürgern und griff das kaiserliche Heer am Morgen des 30. Juni 1462 im Süden von Seckenheim an. Die Kämpfe verliefen dermaßen heftig, dass lange nicht abzusehen war, wer das Schlachtfeld als Sieger verlassen würde. Letztendlich brachte das Fußvolk die Entscheidung. Mit Schlagwaffen, wie dem Morgenstern, dessen Kopf mit bis zu 5 Zentimeter langen Eisendornen bestückt war, schlugen die Heidelberger Bauern und Bürger auf die Schädel der Pferde ein und holten mit den spießartigen Hellebarden die Ritter von ihren Pferden herunter. Die Truppen des Kaisers gaben sich geschlagen. Wer konnte, floh in Panik in den Wald. Die Pfälzer machten mehrere hundert Gefangene, darunter den Bischof Georg von Metz, Markgraf Karl I. von Baden und Graf Ulrich von Württemberg. Friedrich I. bekam den Beinamen »der Siegreiche«. Dort, wo die Kämpfe tobten, entstand 20 Jahre später das Dorf Friedrichsfeld, dessen Name auf Friedrich I. und die Schlacht zurückgeht.

DAS DENKMAL Friedrich I. ließ auf dem Schlachtfeld auf einem Hügel ein über 8 Meter hohes Gedenkkreuz mit Inschriftsockel errichten. Die Inschrift lautete: »Am Tage Pauli Gedächtnis – Denkmal an die Schlacht bei Seckenheim am 30. Juni 1462«. Als das Monument drei Jahrhunderte später zu zerfallen drohte, ließ es Kurfürst Karl Theodor abbauen und ins Antiquarium im Mannheimer Schloss bringen. Als das Schloss im Zweiten Weltkrieg im Bombenhagel in Schutt und Asche gelegt wurde, wurde auch das Denkmal zerstört. An seiner Stelle ließ der Mannheimer Altertumsverein 1890 in Friedrichsfeld ein neues Denkmal zur Erinnerung an die Schlacht bei Seckenheim errichten. Der pyramidenförmige Sockel soll noch das Original aus dem 15. Jahrhundert sein. Während es vor über 500 Jahren weithin sichtbar war, ist es heute von Bäumen versteckt auf dem Hügel am verkehrsreichen Saarburger Ring kaum zu sehen und gehört wohl zu den vergessensten Orten Mannheims.

Das besondere Erlebnis

Schauen Sie sich das Aufzugsmuseum im Wasserturm in der Kloppenheimer Straße 94 im benachbarten Stadtteil Seckenheim an. Das Firmenmuseum des Fahrstuhlbauers Lochbühler ist in einem denkmalgeschützten Wasserturm untergebracht und umfasst eine Sammlung von rund 700 Objekten zur Aufzugstechnik seit Ende des 19. Jahrhunderts.

Gestrüpp verdeckt das Denkmal

23

DIE GRÄBER VON SAND UND KOTZEBUE

Hauptfriedhof Mannheim

Für die einen galt er als Mörder, für die anderen als Held. Opfer und Täter fanden gar nicht weit voneinander ihre ewige Ruhe. Wobei der »Mörder aus Vaterlandsliebe« mit dem größeren Grabmal geehrt wurde.

Am Jüdischen Friedhof 1/Röntgenstraße **Ort** 68167 Mannheim **GPS** 49.4941879, 8.4948691
Anfahrt Auto: via B38 bis Käfertaler Straße, dann Röntgenstraße bis zum Friedhof. ÖPNV: Linie 2 bis Haltestelle Hauptfriedhof

Das Grabmal stammt vom Mannheimer Hofbildhauer Maximilian Joseph Pozzi.

Das Grab Karl Ludwig Sands

DER MORD Als der Student Karl Ludwig Sand am 23. März 1819 gegen 17 Uhr dem Schriftsteller August von Kotzebue in dessen Haus in A 2, 5 einen Dolch mit den Worten »Hier, du Verräter des Vaterlandes!« ins Herz stieß, verübte er das erste politische Attentat der neueren deutschen Geschichte. Kotzebue starb wenige Sekunden später vor den Augen seines vierjährigen Sohnes – dieser war während der Tat ins Zimmer gekommen. Als das Kind schrie, befiel Sand das Gefühl, wie er später erklärt haben soll, dem Jungen ein Unrecht getan zu haben. Er stürzte aus dem Haus und rammte sich ein Messer in die Brust, das ihn jedoch nicht, wie er gehofft hatte, tödlich verletzte. Der 23-jährige Student wurde verhaftet und unter großer Anteilnahme der Mannheimer zum Tode verurteilt. Karl August Varnhagen von Ense, damals preußischer Gesandter am badischen Hof, schrieb: »In Mannheim ist fast die ganze Bevölkerung für ihn gestimmt und preist den begangenen Mord als die Heldentat eines edlen vaterländischen Jünglings.«

DIE POLITISCHE STIMMUNG 1819 Als Vormärz beschreiben Historiker die Zeit zwischen 1815 und der Märzrevolution 1848. Auf dem Wiener Kongress hatte man 1815 nach der Niederlage Napoleons in den Koalitionskriegen Europa neu geordnet. Unter Leitung des österreichischen Außenministers Fürst von Metternich wurden in Europa zahlreiche Grenzen neu festgelegt, neue Staaten geschaffen und darüber hinaus der Deutsche Bund mit Österreich als Präsidialmacht gegründet. Die vielen kleinen souveränen Einzelstaaten, Fürstentümer, Grafschaften und Herzogtümer Deutschlands waren nun in einem Staatenbündnis miteinander verbunden. Das liberale Bürgertum und vor allem die Studenten waren von der Restauration des Deutschen Bundes enttäuscht, hatten sie sich doch die Verwirklichung deutschnationaler Ideen erhofft. Sie gründeten an den Universitäten Burschenschaften, wurden politisch aktiv und brachten ihre liberalen und nationalen Forderungen auf dem Wartburgfest bei Eisenach in Thüringen im Oktober 1817 zum Ausdruck. Sie strebten eine liberale Verfassung an sowie die Einschränkung der Fürstenherrschaft. Den Fürsten kam das Attentat auf Kotzebue zwei Jahre später nicht ganz ungelegen – lieferte es doch einen Anlass für radikale Unterdrückungsmaßnahmen wie die Karlsbader Beschlüsse, mit denen Burschenschaften verboten und Politschriften einer Zensur unterworfen wurden.

DAS OPFER Der aus Weimar stammende Jurist und Schriftsteller August von Kotzebue (1761–1819) galt als konservativ, seine Werke waren gegen die liberalen und freiheitlichen Ideen der Studenten gerichtet. Für diese war er der Inbegriff dessen, was sie bekämpften: die Herrschaft der Fürsten. Kotzebue wurde nach seinem Jurastudium über Beziehungen Sekretär des Generalgouverneurs in Sankt Petersburg und kurze Zeit später, mit gerade mal 22 Jahren, Assessor am Obersten Gerichtshof in Reval und zwei Jahre später in den russischen Adelsstand erhoben. Vor Kotzebue stand von nun an ein »von«.

Neben seiner juristischen Tätigkeit schrieb er die beiden Romane »Die Leiden der Ortenbergischen Familie« (1785) und »Die Geschichte meines Vaters« (1788) sowie mehrere Dramen und eine Satire. Er erwarb ein Anwesen bei Reval und widmete sich dort 1795 ganz der Schreiberei, bis er drei Jahre später den Ruf als Direktor am Wiener Hoftheater annahm, wo er aufgrund von Streitereien aber nicht lange blieb. Er kehrte in seine Heimatstadt Weimar zurück, wo er sich mit Goethe überwarf, der seinerzeit das dortige Theater leitete. So beschloss er 1800, nach Russland zu reisen. An der Grenze wurde er wegen des Verdachts, Jakobiner zu sein, verhaftet und nach Sibirien verbannt. Bis sich seine Unschuld herausstellte, vergingen vier Monate. Seine Zeit in Sibirien hielt er in dem autobiografischen Werk »Das merkwürdigste Jahr meines Lebens« fest. Kotzebue wurde nach seiner Freilassung zum Direktor des Deutschen Theaters in Sankt Petersburg ernannt. Als der Zar im März 1801 ermordet wurde, ging er nach Berlin, zog sich 1806 auf sein Gut in Estland zurück und kam 1817 als Generalkonsul im russischen Auftrag wieder nach Deutschland. Er gab ein Literarisches Wochenblatt heraus, attackierte in seinen Texten die Burschenschaften und Turnerbünde als Brutstätten der Revolution und zog gegen den politischen Liberalismus zu Felde. Als die Studenten sein Werk »Geschichte des deutschen Reichs« auf dem Wartburgfest ins Feuer warfen und vor seinem Haus in Weimar einen anonymen Brief niederlegten, in dem stand: »Fahre fort Kotzebue, vielleicht wirst du selbst und nicht allein deine Schrift verbrannt«, zog August von Kotzebue nach Mannheim. Als er starb, hinterließ der erfolgreichste Bühnenautor seiner Zeit 18 Kinder von drei Ehefrauen; der älteste Sohn war bereits sechs Jahre zuvor im Alter von 28 Jahren gestorben, der Jüngste noch nicht geboren.

DER TÄTER Karl Ludwig Sand (1795–1820) verfasste Anfang 1819 die Schrift »Todesstoß dem August von Kotzebue«. Er schrieb: »Die Not meines Vaterlandes drängt mich zum Handeln. Viele der ruchlosesten Verbrechen treiben ungeahndet bei uns ihr Spiel. Unter ihnen ist Kotzebue der feigste und boshafteste. Soll nicht das ärgste Unglück über ihn kommen, so muss er nieder.« Sand wurde als Sohn eines Richters im oberfränkischen Wunsiedel geboren. Seine Jugend war durch den aufgeklärten Protestantismus des Elternhauses geprägt. Nach dem Abitur begann er ein Studium der evangelischen Theologie an der Universität Tübingen, wo er dem gerade gegründeten Corps Teutonia beitrat. Zwei Jahre später wechselte er an die Universität Erlangen und wurde Mitglied der Landsmannschaft Franconia, die er dem burschenschaftlichen Gedanken (Bürgerrechte und ein vereintes Deutschland) zuführen wollte. Das kam bei den anderen Mitgliedern jedoch nicht gut an und Sand wurde ausgeschlossen. Daraufhin gründete er im August 1816 die Erlanger Burschenschaft. Ein enger Freund und Mitgründer beschrieb Sand als jemanden mit höchst edler Gesinnung, »allem Gemeinen und Unreinen entschieden abgeneigt, opferbereit für alles Echte und Gute, treu und hingebend dem Freunde«. Auch seine Professoren ließen nichts auf ihn kommen.

Vom 18. bis 19. Oktober 1817 fand das Wartburgfest in Eisenach statt – Sand war Mitglied des Festausschusses und beteiligt an der symbolischen Bücherverbrennung, bei der als reaktionär geltende Schriften, darunter auch Kotzebues Werk, verbrannt wurden. Der Theologiestudent setzte sein Studium

Das Grabmal Sands überragt das von Kotzebue um einiges.

Der Grabspruch ist ein Text von Kotzebue selbst.

nach dem Wartburgfest in Jena fort, da dort die Erneuerung der deutschen Burschenschaft zu einer politischen Vereinigung schon weit fortgeschritten war. Er wurde Mitglied in der Urburschenschaft und zum Anhänger der »Unbedingten«, einem radikalen Flügel der Burschenschaft, der Mord aus politischen Gründen nicht ausschloss. Den Mord an Kotzebue, den er als Landesverräter, russischen Spion und Feind der Burschenschaft sah, erwog er bereits am 5. Mai 1818 in seinem Tagebuch. Zehn Monate später reiste der Theologiestudent von Jena nach Mannheim, um als »Mörder aus Vaterlandsliebe« in die Geschichte einzugehen.

URTEIL UND HINRICHTUNG Der Theologiestudent erklärte, dass sein Gewissen als Stimme Gottes über dem weltlichen Gesetz stünde. Das Hofgericht Mannheim verurteilte ihn am 5. Mai 1820 zum Tod durch das Schwert. Karl Ludwig Sand wurde in den frühen Morgenstunden des 20. Mai 1820 unter großer Anteilnahme der Mannheimer auf der Wiese vor dem Heidelberger Tor (am heutigen Wasserturm) hingerichtet. Sofort nach seiner Hinrichtung entstand um Sand ein wahrer Kult. Heidelberger Studenten, die während der Urteilsvollstreckung um das »Blutgerüst« standen, tauchten ihre Taschentücher in Sands Blut und versuchten, Locken seiner Haare zu ergattern.
Der große Aufstand, den sich Karl Ludwig Sand mit der Ermordung Kotzebues erhofft hatte, blieb aus. Fürst Metternich war der Überzeugung, dass der Student nicht eigenständig, sondern auf Weisung eines geheimen Bundes gehandelt habe, was allerdings nie bewiesen werden konnte. Sand hatte mit dem Mord das Gegenteil von dem bewirkt, was er eigentlich bewirken wollte. Statt eines Sieges für die Freiheit gab es nun ein Verbot der Burschenschaften und die Zensur politischer Schriften. Karl Ludwig Sands Grab auf dem Lutherischen Friedhof in Mannheim wurde zum Wallfahrtsort. Als der Friedhof 1865 aufgelassen werden sollte, wurden seine Überreste auf den Hauptfriedhof überführt – in ein von der Mannheimer Bürgerschaft gestiftetes Ehrengrab. Das Grab Sands mit der Nummer 83 ist nur wenige Meter vom Grab Kotzebues (Nr. 138) entfernt.

Das besondere Erlebnis

Schauen Sie sich auf dem Hauptfriedhof den »Garten der Geschichte« an. Dort wird die Erinnerung an Mannheimer Persönlichkeiten aufrechterhalten, die einst die Stadtgeschichte geprägt haben.

Wer die Rose wohl hinterlassen hat?

Die Tafel erinnert daran, dass hier mal Menschen hingerichtet wurden.

24

HINRICHTUNGEN DER NAZIDIKTATUR

Lauersche Gärten

Weil drei Mannheimer auf dem damaligen Kaufhaus Vetter in N 7 in den letzten Kriegstagen die weiße Fahne gehisst haben sollen, wurden sie erschossen.

M6 **Ort** 68161 Mannheim **GPS** 49.4837692, 8.4679805 **Anfahrt** Auto: via Bismarckstraße/B37. Zu Fuß: ab Hauptbahnhof ca. 8–10 Minuten

DAS »VERBRECHEN« Als der Fabrikationsleiter Hermann Adis (58), der Hausmeister Adolf Doland (47) und der Angestellte Erich Paul (62) die weiße Flagge als Zeichen der Kapitulation hissten, ahnten sie nicht, dass sie das ihr Leben kosten würde. Die US-Streitkräfte hatten in der Nacht vom 25. auf den 26. März bei Sandhofen eine Brücke über den Rhein geschlagen und hielten bereits den Luzenberg und Waldhof besetzt. Zahlreiche Bewohner hatten an ihren Häusern die weiße Fahne gehisst – ihnen war ebenso wie der NS-Führung klar, dass es keinen Sieg mehr geben konnte. Trotzdem befahl Reichsführer SS Heinrich Himmler noch Ende März, dass gegen das »feige Verhalten« der Bevölkerung mit schärfsten Mitteln eingegriffen werden müsse. Polizeihauptmann und SS-Hauptsturmführer Otto Hugo Böse gehorchte diesem Befehl blind, als er die weiße Flagge auf dem Kaufhaus Vetter sah. Er durchsuchte mit seinem Trupp, der aus Otto Hecker und Josef Lauber bestand, das Kaufhaus und stellte die drei Männer, die sofort gestanden.

DIE HINRICHTUNG Böse fackelte nicht lange und trieb die drei zu den nahen Lauerschen Gärten, stellte sie gegen die Mauer und befahl seinen Polizisten, sie zu erschießen. Als einer der Polizeibeamten einen Interventionsversuch unternahm, drohte ihm Böse, ihn ebenfalls zu erschießen. In blindem Gehorsam folgten sie nun seinem Befehl, schossen Adis, Doland und Paul mit Karabinern und Maschinenpistolen nieder und verscharrten die Leichen. Am nächsten Tag marschierten die Amerikaner in der Innenstadt ein. Für Mannheim war der Krieg sechs Wochen vor der bedingungslosen Kapitulation Deutschlands zu Ende. Für die drei Hingerichteten kam der Einmarsch

↓ Wer war Friedrich Lauer? Die Tafel verrät es.

↘ Teil des letzten oberirdisch erhaltenen Rests der Mannheimer Festungsmauer

einen Tag zu spät. Fassungslos standen die Kollegen der drei vor der blutverschmierten Mauer. Vier Wochen später wurden Hermann Adis, Adolf Doland und Erich Paul in einem Gemeinschaftsgrab auf dem Hauptfriedhof beerdigt. Ein an der Mauer in den Lauerschen Gärten angebrachtes Schild erinnert an die Erschossenen. Am Eingang zu den Gärten zwischen den Quadraten N 6 und M 6 wurden auf Initiative der Mannheimer NaturFreunde Stolpersteine für die Ermordeten verlegt.

GERINGES STRAFMASS FÜR DIE MÖRDER Das Landgericht Mannheim verhandelte den Fall Otto Hugo Böse im Februar 1947. Die Anklage lautete auf Totschlag. Man warf ihm vor, aus reiner Sturheit gehandelt zu haben und dass er das Verbrecherische an dem Befehl hätte erkennen müssen. Böse kam mit einer Gefängnisstrafe von zwei Jahren davon, die sechs Monate Untersuchungshaft wurden angerechnet. Die an der Erschießung beteiligten Polizisten Hecker und Lauber wurden frei-

Hier endete das Leben von drei Mannheimer Bürgern.

gesprochen, da sie auf Befehl gehandelt hatten. Die Öffentlichkeit war empört. Wenige Tage nach der Urteilsverkündung protestierten Gewerkschafter auf einer Massenkundgebung im Rosengarten gegen das geringe Strafmaß und forderten die Kassierung des Urteils. Der Fall wurde in zweiter Instanz 1948 erneut verhandelt. Wie das Urteil ausfiel, ließ sich nicht recherchieren.
An den Jahrestagen des sinnlosen Erschießungskommandos werden bis heute Blumen an der Mauer in der idyllischen Parkanlage abgelegt. Die Mauer ist der letzte oberirdische Rest der Mannheimer Festungsmauer.

Das besondere Erlebnis

Weitere Informationen über den Nationalsozialismus und seine Opfer erhalten Sie im NS-Dokumentationszentrum des MARCHIVUM, das seinen Sitz in einem ehemaligen Hochbunker aus dem Zweiten Weltkrieg hat.

25

DER VERGESSENE WASSERTURM DER GUMMIFABRIK

Überbleibsel der weltberühmten Schildkröt-Fabrik

Viel ist nicht mehr übrig von der Fabrik, die einst die berühmten Schildkröt-Puppen produzierte. Lediglich ein einsamer Wasserturm trotzt dem Verfall.

Eisenbahnstr. 4–8 (Janderstr. 2) **Ort** 68199 Mannheim
GPS 49.4549235, 8.4948313
Anfahrt Auto: via B37 nach Neckarau. ÖPNV: S9 bis Bahnhof Neckarau

Die Tafel erzählt die Geschichte der Schildkröt AG.

MIT DER HERSTELLUNG von Puppen hatten Viktor und Alfred Lenel nichts im Sinn, als sie das Unternehmen 1873 zusammen mit dem Kaufmann Friedrich Julius Bensinger und dem Bankhaus Hohenemser & Söhne als Rheinische-Hartgummi-Waren-Fabrik im Stadtteil Neckarau gründeten. Auch nicht, als die Firma nach einem Brand 1895 als Rheinische Gummi- und Celluloid-Fabrik wiederaufgebaut wurde. Robert Zeller, dem technischen Leiter, gelang es dank der Entwicklung des Pressblasverfahrens für Kunststoffe ein Jahr später, Puppenköpfe und -körper aus Zelluloid herzustellen. Das Material war in der Puppenproduktion revolutionär – es war abwaschbar, hygienisch

43 Meter ragt der Wasserturm in den Himmel.

und bruchfest. Das perfekte Spielzeug. Die Firma ließ ihr Produkt beim Kaiserlichen Patentamt in Berlin unter dem Namen Schildkröt registrieren und ihr neu geschaffenes Logo, eine Schildkröte in einer Raute, schützen. Mit ihrem harten Panzer sollte die Schildkröte als Firmenlogo das neue, robuste Material für Puppen symbolisieren.

DER SIEGESZUG DER SCHILDKRÖT-PUPPEN Jeder in Europa wollte die neuartigen Spielzeugpuppen haben, von denen jede mit einem Namen versehen war. Sie hießen Bärbel, Christel, Hans, Inge usw., wobei die blonde Inge (1933) mit der Schneckenfrisur die meistverkaufte Schildkröt-Puppe aller Zeiten werden sollte. Die Produktion lief gut. Um 1900 maß das Betriebsgelände bereits 80 000 Quadratmeter, auf denen in über 200 Werksgebäuden 6000 Menschen beschäftigt waren. Jährlich produzierte das Unternehmen 4500 Tonnen Rohcelluloid – ein Drittel der damaligen weltweiten Produktion. Nach Ausbruch des Ersten Weltkriegs wurde die Produktion stillgelegt und erst nach Kriegsende wieder aufgenommen. Das Geld der Menschen war knapp, es gab kaum Nachfrage für die Produkte. Es kam zu Massenentlassungen. 1929 war der Tiefpunkt erreicht – die Aktien wurden an die IG-Farben verkauft. Zwei Jahre später zählte die Firma nur noch 1000 Beschäftigte. Als die Nationalsozialisten an die Macht kamen, wurde das Unternehmen enteignet bzw. »arisiert«, wenige Jahre später, 1939, wurde die Puppenproduktion zum Verlustgeschäft. Nach dem Krieg kam das Unternehmen, das bei Luftangriffen zu 30 Prozent zerstört worden war, unter die Kontrolle der Amerikaner. Statt Puppen wurde nun für den amerikanischen Markt Gummi produziert.
Nach dem Wiederaufbau Anfang der 1950er-Jahre erzielte das Unternehmen, nun im Besitz der WASAG AG, wieder ein Produktionsvolumen wie in der Vorkriegszeit. 1954 entstand eine Zusammenarbeit mit der Puppenmacherin Käthe Kruse, aus der die Entwicklung einer preiswerten Puppe aus dem nicht brennbaren Tortulon, einem Kunststoff auf Polypropylenbasis, hervorging. 1965 benannte sich das Unternehmen in »Schildkröt AG, vormals Rheinische Gummi- und Celluloidfabrik« um. Da das Geschäft mit den Puppen zu wünschen übrig ließ, wurde die Produktion in Neckarau 1975 eingestellt und die meisten alten Gebäude auf dem einst gigantischen Areal des Unternehmens Anfang der 1990er-Jahre weitgehend abgerissen.

DER WASSERTURM Wie ein Burgfried ragt das achteckige Bauwerk aus gelbem Klinker zwischen den Gebäuden hervor. Der Turm wurde 1905 errichtet und galt als Wahrzeichen der Schildkröt-Fabrik. Mit 43 Metern Höhe ist der unter Denkmalschutz stehende Wasserturm, der für Brauch- und Löschwasser genutzt wurde, auch heute noch weithin sichtbar. Einst stand er neben dem Verwaltungsgebäude des Unternehmens, heute befindet er sich auf einer Grünanlage am Rande eines Gewerbeparks, der 1993 auf dem Areal der alten Schildkröt-Fabrik entstand. Leider kann der Wasserturm nicht von innen besichtigt werden, da er sich in Privatbesitz befindet.

Das besondere Erlebnis

Ein Teilstück des Fassadenfrieses der Schildkröt-Fabrik mit dem berühmten Logo konnte aus der Abbruchmasse gerettet werden und steht heute als 2,4 Tonnen schwere Sandsteinbank im Luisenpark in unmittelbarer Nähe zum Freilandgehege der Schildkröten. Machen Sie einen Ausflug dorthin und lassen Sie sich auf dem historischen Prachtstück nieder.

Das Logo der Schildkröt-Fabrik
ziert heute eine Bank im Luisenpark.

Hier bunkern Lebensmittel für den Fall der Fälle – der aber nie eintrat.

26

DIE ANGST VORM ATOM-SCHLAG IM KALTEN KRIEG

Atomschutzbunker unter dem Stadthaus N 1

Für die Folgen eines nuklearen Angriffs wollte Deutschland gerüstet sein und beschloss Ende der 1950er-Jahre ein gewaltiges bundesweites Bunkerprogramm.

Stadthaus N 1 **Ort** 68161 Mannheim **GPS** 49.4864072, 8.4631161 **Anfahrt** Auto: Paradeplatz, Parken in der Tiefgarage unter dem Stadthaus. ÖPNV: Straßenbahn 1, 4, 5A bis Paradeplatz. Der Bunker kann nur im Rahmen einer Führung besichtigt werden. Termine und Anmeldung: www.mannheimtours.de

DIE TÜR ZUM BUNKER Dass die knallrote Stahltür in der Tiefgarage im zweiten Untergeschoss unter dem Stadthaus in einen Atomschutzbunker führt, ist den Wenigsten bekannt. Im Fall eines atomaren Angriffs sollten hier, 15 Meter unter der Erde, 1600 Menschen Schutz finden. Wäre der Ernstfall je eingetreten, hätte durch die Schleuse zum Bunker immer nur eine Person hindurchgehen können – nach Nummer 1600 hätte sich die Tür automatisch geschlossen. Bei einer Bunkergröße von 1554,50 Quadratmetern hätte einer Person weniger als ein Quadratmeter zur Verfügung gestanden. Ein klaustrophobischer Albtraum.
Massive Betonwände umgeben den Bunker. Das Licht ist gedämpft. Von der Decke hängen an Ketten befestigte Bettgestelle mit dünnen Schaumstoffauflagen. Sieben oder acht Betten ließen sich übereinander stapeln. Wer darin geschlafen hätte, hätte das Bett über sich nur wenige Zentimeter vor dem Gesicht gehabt. Da die Liegekapazitäten sehr begrenzt waren, hätte im Ernstfall alles in Schichten gemacht werden müssen. Ein Drittel der Insassen hätte acht Stunden lang schlafen können, ein Drittel acht Stunden lang auf Stühlen sitzen und ein Drittel acht Stunden lang stehen müssen. Hätte das im Fall der Fälle tatsächlich so geordnet funktioniert?

SCHUTZ FÜR 10 TAGE Entlang des Schutzraumes führen Türen in verschiedene Bereiche: Batterieraum, Wasserversorgung und Notwasservorrat, getrennte Waschräume für Frauen und Männer sowie viel zu wenig Toiletten für 1600 Menschen. Das Toilettenpapier ist mit »Stadt Mannheim« beschriftet. Es gibt einen Sanitätsraum, aber ein Arzt war für den Bunker nicht vorgesehen.

↓ Das Wasser im Waschraum war nur zur Körperpflege gedacht.
↘ Gespenstische Stille – kein Laut dringt aus den Rohren.

Gemütliches Schlafen
sieht anders aus.

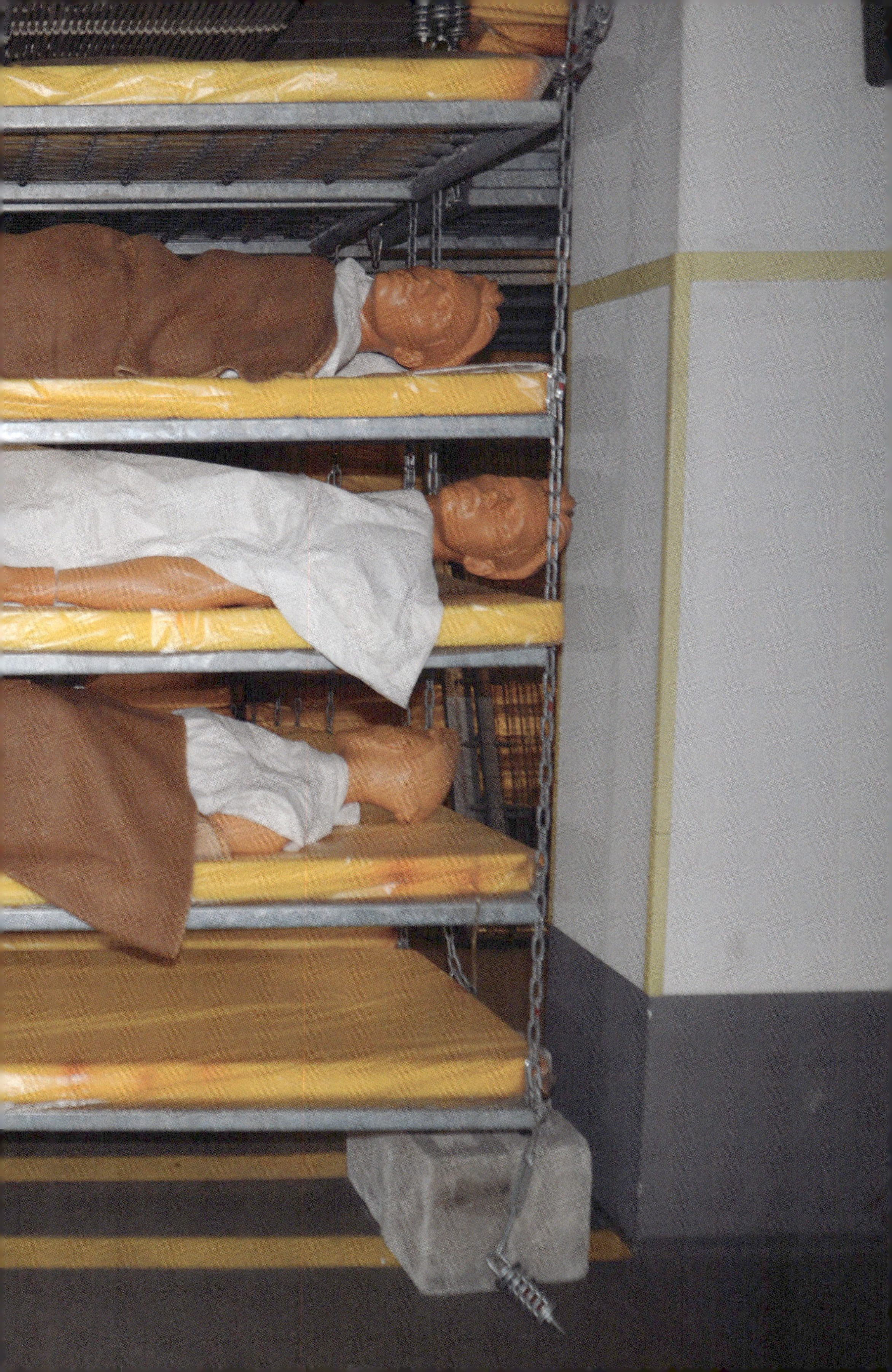

Man ging davon aus, dass sich unter den Insassen garantiert auch ein Mediziner befunden hätte. Die Notküche ist klein, aber mit allem Notwendigen ausgestattet. Im Lebensmittelraum gibt es Dauernahrungsmittel. Hätten die vorhandenen Lebensmittel tatsächlich für 1600 Personen über einen Zeitraum von zehn Tagen gereicht? Wer hätte gekocht? Wie wäre die Essensausgabe für so viele Menschen verlaufen? Auch für Unterhaltung wäre im Fall der Fälle gesorgt gewesen. Im Büro des Bunkerwarts befindet sich eine Musikanlage mit Radio, Plattenspieler und Schallplatten aus den 1960er-Jahren. Während der Führung wird zur Demonstration eine alte Platte abgespielt – die Musik hallt knirschend aus den Lautsprechern im Bunker.

DER BUNKERBAU Als die Kubakrise 1962 die Welt so nah wie nie an den atomaren Abgrund führte, wurde der Bunkerbau in der gesamten Bundesrepublik vorangetrieben. Der Atomschutzbunker unter dem Stadthaus, das es damals noch nicht gab, wurde 1962 geplant, gebaut wurde er von 1965 bis 1968 als einer der ersten in Westdeutschland. Das geschlossene System des Bunkers funktioniert ähnlich wie ein U-Boot-Lüftungssystem. Die Luft wärmt sich von selbst auf – bei 1600 Personen hätte man bei einer Heizleistung von 100 Watt pro Person mit 160 000 Watt Heizleistung rechnen müssen. Das heißt, es wäre hier relativ schnell sehr warm und stickig geworden, sodass das eigentliche Problem des Bunkers die Kühlung war. Man musste die Luft um-

↓ Büro des Bunkerwarts

↘ Musikanlage für Musikberieselung in Notzeiten

Notwasservorrat – wie lange reichen 10 000 Liter für 1600 Menschen?

wälzen und sehr stark mit entsprechenden Kühlelementen herunterkühlen. Im Bunker herrschte ein Überdruck, damit von außen keine Luft eintrat – was bei einer radioaktiv verseuchten Luft nach einem Atomschlag verheerend gewesen wäre. Wer die auserwählten 1600 Personen sein sollten, die im Fall der Fälle Schutz im Bunker gefunden hätten, ist nicht bekannt.

DAS RELIKT AUS DEM KALTEN KRIEG HEUTE Der Bunker war bis 1989 in Betrieb, wurde aber bis 2007 aufrechterhalten. In jenem Jahr entschied der Bund, die Atomschutzbunker aufzugeben und dafür kein Geld mehr einzuplanen. Deutschlandweit wurden nun über 2000 Bunker zu Altlasten. Als der Bunker unter dem Stadthaus noch in Betrieb war, stattete ein Feuerwehrmann dem Bau alle vier bis sechs Wochen einen Besuch ab, ließ das Wasser laufen, startete den Notstromdiesel und fuhr die Stromanlage hoch, um die Bunkeranlage betriebsbereit zu halten. Zudem wurden Lebensmittel und Medikamente regelmäßig ausgetauscht, da der Bunker für den Ernstfall sofort einsatzbereit sein musste. Der Atomschutzbunker kann nur im Rahmen einer geführten Tour besichtigt werden (Anmeldung siehe oben).

Das besondere Erlebnis

Wie wäre es mit einer Erlebnistour, wie z. B. Mannheim vor und nach 1945, Architektur aus den 1930er-Jahren, Mannheim Multikulti oder einer Fahrradtour im Hafen? Schauen Sie mal auf die Website von Mannheim Tours (www.mannheimtours.de).

27

DER GRABRAUB

Die kurfürstliche Gruft unter der Schlosskirche

In der Gruft unter der Schlosskirche fand Kurfürst Carl Philipp mit seiner dritten Gattin Violante von Thurn und Taxis die ewige Ruhe – bis diese von Grabräubern gestört wurde.

Schloss Mannheim, Bismarckstraße 14 **Ort** 68161 Mannheim **GPS** 49.4843648, 8.459502
Anfahrt Auto: B37/Bismarckstraße. ÖPNV: Straßenbahn 1, 5, 5A bis Haltestelle Schloss.
Hinweis: Die Kurfürstengruft kann nur nach Voranmeldung besichtigt werden.
Kontakt: mannheim@alt-katholisch.de

Kurfürst Carl Philipp ruht hinter verschlossenen Türen.

DER RAUB Nach dem Zweiten Weltkrieg war die Not in Mannheim groß. Die Menschen lebten in Trümmern und kämpften täglich ums Überleben. Da auch Schloss und Schlosskirche nahezu völlig zerstört waren und der Zugang zur Gruft des Kurfürsten offen war, versuchten Diebe in der Grabstätte ihr Glück. Sie schoben den Deckel vom Sarkophag Violantes und entwendeten sämtlichen Schmuck. Welche Schmuckstücke die Gemahlin des Kurfürsten bei ihrer Beisetzung 1734 trug, ist nicht bekannt, da es darüber keine Aufzeichnungen gibt. Der Legende nach soll sie Ringe, einen Rosenkranz und ein Diadem getragen haben, das nach ihrem Tod an ihren Schädel angeschraubt worden war. Das es fixiert war, sollen die Diebe das Diadem samt Violantes oberer Schädeldecke mitgenommen haben. Als sie aber den Sarkophag des Kurfürsten öffneten, muss etwas passiert sein, da daraus nichts gestohlen wurde. Es wird angenommen, dass die Diebe gestört wurden oder beim Anblick des mumifizierten Kurfürsten dermaßen erschraken, dass sie das Weite suchten. Anders als Violante war Carl Philipp nach seinem Tod in der Silvesternacht 1742 einbalsamiert worden und auch nach über 200 Jahren noch gut erhalten. Nachdem der Grabraub entdeckt wurde, wurden die beiden Sarkophage in die Jesuitenkirche verlegt und wenige Monate nach dem Wiederaufbau von Schloss und Schlosskirche am 15. Februar 1957 in einem feierlichen Trauerzug mit Ehrengeleit wieder an ihren ursprünglichen Platz gebracht. Nun waren die Särge allerdings verplombt. Gefasst wurden die Grabräuber nie – der Schmuck von Violante blieb verschwunden.

DIE GRUFT Unheimlich ist es in dem weiß getünchten Gewölbe nicht. Die prunkvollen Sarkophage des Kurfürstenpaares stehen in getrennten Grabkam-

Die Pforte zur Gruft

mern hinter zwei kunstvoll geschmiedeten, verschlossenen Gittertüren. Über beiden Türen prangt das originale Wappen des Kurfürsten. Der reich verzierte Sarkophag des Kurfürsten steht in der rechten Kammer und wird von vier steinernen Löwen getragen. Auf der Sarkophagmitte sitzen zwei Putten, die einst ein Medaillon mit dem Bild Carl Philipps trugen. Violantes Sarkophag in der linken Kammer wird von acht Sphingen getragen und ist mit mehreren Totenköpfen besetzt, was ihm ein etwas gruseliges Aussehen verleiht. Dass Violante in der linken Grabkammer liegt, hat seinen Grund. Die Ehe mit dem Kurfürsten war morganatisch, d. h. »zur linken Hand« geschlossen worden. In europäischen Fürstenhäusern eine Art der Eheschließung, bei der die Partnerin/der Partner aus einer nicht ebenbürtigen Familie stammt. Die ehemalige Hofdame Violante von Thurn und Taxis war als Tochter eines Grafen von niedrigerem Adel. Der zweimal verwitwete Kurfürst soll die Ehe bis nach Violantes Tod geheim gehalten haben.

DIE SCHLOSSKIRCHE Von außen ist das Gebäude ohne Turm und Kuppel auf den ersten Blick nicht als Kirche zu erkennen, da es sich so nahtlos in den monumentalen Schlosskomplex einfügt. Kurfürst Carl Philipp, der das Schloss ab 1720 bauen ließ und seine Residenz von Heidelberg nach Mannheim verlegte, legte am 2. Juli 1720 den Grundstein für die Hofkapelle. Nach elf Jahren Bauzeit wurde die Kirche im Mai 1731 vom Wormser Weihbischof Johann Anton Wallreuther geweiht und als Hofkirche übergeben.
Als Kurfürst Carl Theodor Bayern erbte und seine Residenz 1778 nach München verlegte, verlor die Hofkapelle an Bedeutung. 25 Jahre später wurde die kleine Schlosskirche unter Napoleon säkularisiert und diente im deutsch-französischen Krieg (1870–1871) als Lazarett und Depot des Roten Kreuzes. Großherzog Friedrich I. von Baden übergab die Kirche 1874 der alt-katholischen Gemeinde. Die Alt-Katholische Kirche war vier Jahre zuvor in Nürnberg gegründet worden. Sie entstand aus Protest gegen die »dogmatischen Definitionen des Jurisdiktionsprimats und der päpstlichen Unfehlbarkeit«, die auf dem Ersten Vatikanischen Konzil im Juli 1870 verkündet wurden. Priester und Priesterinnen der Alt-Katholischen Kirche dürfen heiraten. Nach ihrer Zerstörung im Zweiten Weltkrieg wurde die Kirche zwischen 1947 und 1956 bis auf den Chor und die Musikempore dem Original ähnlich, aber vereinfacht rekonstruiert, wieder aufgebaut. Bis heute dient sie als Pfarrkirche der Alt-Katholischen Gemeinde Mannheims.

Das besondere Erlebnis

Im Schloss (Haupteingang Ostgebäude der Universität) befindet sich im 3. Stock der Antikensaal, der einen Besuch wert ist. Im 18. Jahrhundert ließ Kurfürst Carl Theodor Gipsabdrücke der berühmtesten und schönsten Statuen aus den Antikensammlungen von Florenz und Rom anfertigen, die bereits Goethe 1769 in Mannheim bestaunt hatte. Als Carl Theodor 1778 nach München zog, nahm er seine Statuen mit. Es sollten mehr als 200 Jahre vergehen, bis man sich wieder seiner Skulpturen erinnerte. Neue Abgüsse wurden erworben, um die Sammlung neu erstehen zu lassen. Sie wurde erstmals 1991 präsentiert und befindet sich seit 2017 im neuen Antikensaal.

Die Schlosskirche ist als solche von außen nicht zu erkennen.

Tor zu einem ehemaligen Munitionsbunker der US Army

28

DER PANZERWALD

Verlassene Bunker und Schießanlagen der US-Armee

Das Waldgebiet zwischen Mannheim-Käfertal, Viernheim und Lampertheim war jahrzehntelang Truppenübungsgebiet der US-Armee. Noch heute stößt man im Käfertaler Wald auf jede Menge Hinterlassenschaften aus dieser Zeit.

Ausgangspunkt: Karlstern im Käfertaler Wald **Ort** 68305 Mannheim **GPS** 49.5367971, 8.5139913 **Anfahrt** Auto: via B38 und Lampertheimer Straße. ÖPNV: Straßenbahn 4A bis Haltestelle Käfertaler Wald, dann knapp 1 Kilometer zu Fuß bis Karlstern

Der Panzerwald ist voller Relikte der US Army.

DAS UMSTRITTENE AREAL Dass das US-Militär 1951/52 große Teile des Waldes zwischen den Coleman Barracks beim Stadtteil Sandhofen und den Sullivan Barracks im Stadtteil Käfertal beschlagnahmte, um die Verbindungsstraße »Tank Road 70« (Panzerstraße) zwischen den beiden Panzereinheiten zu bauen, stieß auf heftigen Widerstand der Anwohner. Erstens sollte die Straße außerhalb der beiden US-Stützpunkte entstehen, zweitens bedeutete ihr Bau einen massiven Eingriff in die Natur. Es kam in den nachfolgenden Jahrzehnten immer wieder zu Protesten der Bevölkerung. Nicht nur, weil die Panzer eine Belastung für die Natur darstellten, sondern auch, weil die Soldaten reichlich Müll auf dem Gelände hinterließen. Darüber hinaus vermutete man in den Munitions- und Waffendepots im Käfertaler Wald Giftgas.

PROTESTE UND AKTIONSGRUPPEN Im August 1969 gründeten Mannheimer ein Anti-Giftgas-Komitee, das kleinere Demonstrationen organisierte. Ende der 1970er-Jahre entstanden Bürgerinitiativen und Aktionsgemeinschaften gegen den Panzerwald, den nicht nur das US-Militär als Panzer- und Infanterieübungsplatz nutzte, sondern auch die Bundeswehr und Nato-Verbände aus der gesamten Region. Mehr als 30 Prozent der Waldfläche waren bereits zerstört. Die schweren Kettenfahrzeuge hatten den Boden verdichtet und die Humusschicht weitgehend abgetragen. Die »Aktionsgemeinschaft gegen den Panzerwald« richtete sich mit einem Flugblatt direkt an die amerikanischen Soldaten vor Ort: »This forest which acts as an air filter in the Rhine-Neckar basin is rapidly being turned into an ecological wasteland. The next time you're sent into the forest for training think about it. You are going home eventually – other folks live here!« Die Munitionsdepots wurden im November 1993 geschlossen, bis zur Schließung der Tank Road sollte es aber bis zum Abzug der US Army im Jahr 2011 dauern. Mit über 20 000 Soldaten und US-Zivilangestellten war Mannheim eine der größten amerikanischen Militärgemeinden in Deutschland.

FUNDSTÜCKE Bei ihrem Abzug hinterließ die US Army im Panzerwald zwischen Mannheim, Lampertheim und Viernheim zahlreiche Relikte. Bei einem Streifzug durch

Manchmal findet man auf dem Boden noch Patronenhülsen aus Manövern.

das ehemals vom Militär genutzte und frei zugängliche Areal stößt man auf verlassene Bunker, die dem Verfall preisgegeben sind, Schießübungsanlagen, Unterstände, Sandsäcke, alte Nato-Zäune und fast schon historische Coca-Cola-Flaschen. Vieles liegt verborgen zwischen Bäumen und im Unterholz – wer die Augen offenhält, macht bei einer Wanderung so manche Entdeckung. Vielerorts finden sich auf dem Waldboden versteckt immer noch Patronenhülsen.

Das besondere Erlebnis

Machen Sie mit Sabrina und Marvin Kuhn, dessen Vater bei der US Army in Mannheim stationiert war, eine Führung durch den Panzerwald. Die beiden kennen das Gelände in- und auswendig und wissen, wo Bunker, Schießstände und andere Hinterlassenschaften zu finden sind. Die Kuhns bieten ihre Touren im Auftrag des Freundeskreises Karlstern an (www.karlstern.de).

Vor lauter Bäumen übersieht man die Relikte leicht.

29

DER EINSAME PYLON

Denkmal zur Einweihung des Mannheimer Industriehafens

Eigentlich ist der Pylon nur der klägliche Rest einer ursprünglich großzügigen Denkmalanlage, die sich mal woanders befand. Heute steht sie kaum beachtet an einem unscheinbaren Ort.

Diffenéstraße 10 **Ort** 68169 Mannheim **GPS** 49.5166709, 8.4697293 **Anfahrt** Auto: via B44/Akazienstraße. ÖPNV: Straßenbahn 1 und 3, Haltestelle Luzenberg

Erinnerung an die einst festliche Einweihung des Denkmals.

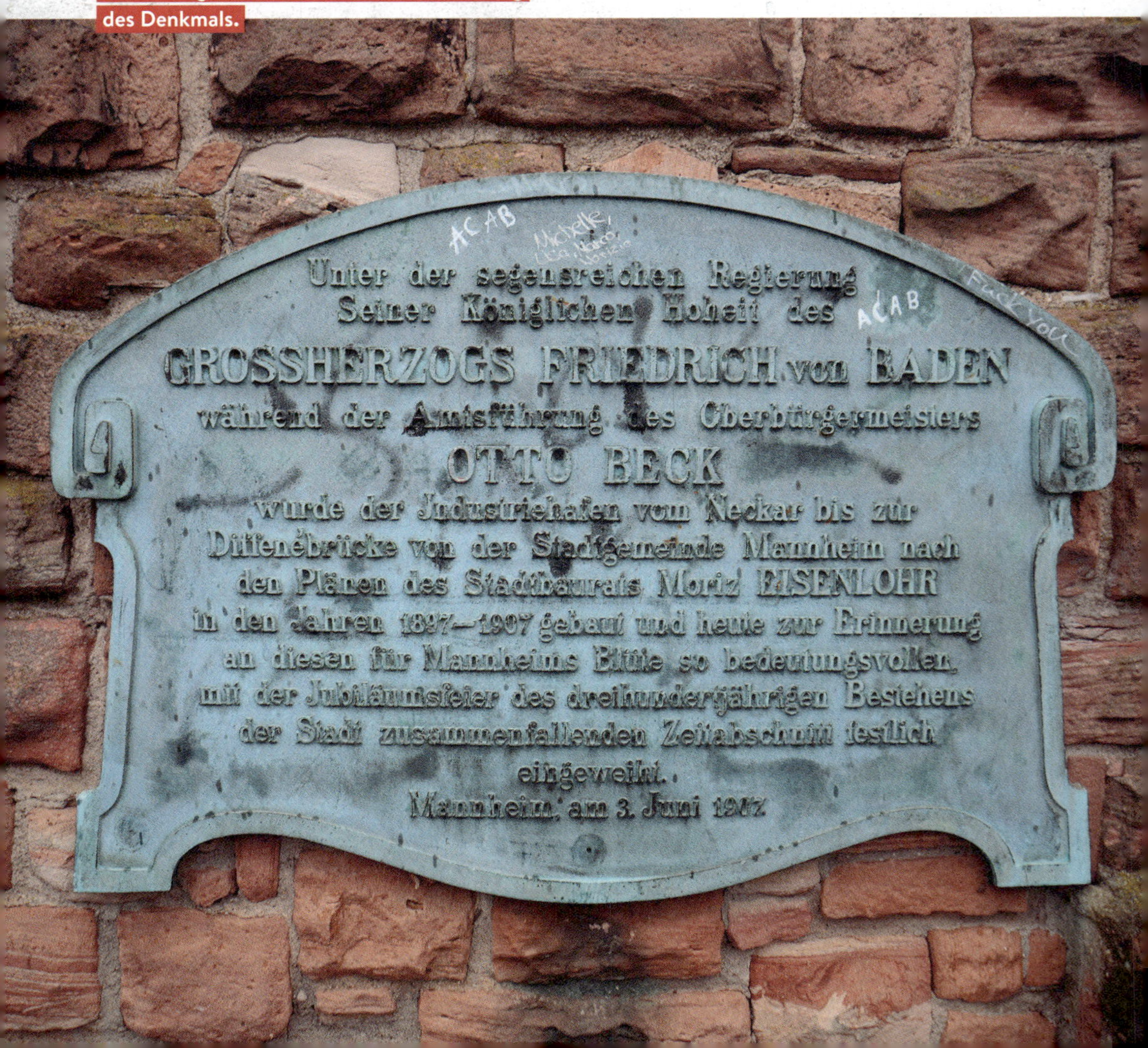

DER INDUSTRIEHAFEN Mannheims drittes großes Hafenprojekt wurde nach zehnjähriger Bauzeit am 3. Juni 1907 in Anwesenheit von Großherzog Friedrich I. und Großherzogin Luise sowie weiteren illustren Gästen feierlich eingeweiht. Mannheim feierte in jenem Jahr gleichzeitig sein 300-jähriges Stadtjubiläum. Zum Bau des Hafens erwarb die Stadt 1895 die von Rhein, Altrhein und Neckar umflossene Friesenheimer Insel von Sandhofen. Der heutige Stadtteil war damals noch eine eigenständige Gemeinde. Nachdem die Planungen abgeschlossen waren, wurden ab 1897 Fahrrinnen, Hafenbecken und Schleusenanlagen angelegt, die Ufer ausgebaut und die Infrastruktur bereitgestellt. Der Industriehafen umfasst den Bonadies-, Insel- und Kaiser-Wilhelm-Hafen – mehrere hundert Firmen haben im Hafengebiet ihren Sitz, darunter die Hildebrandmühlen, Birkel, Fuchs Petrolub und Hutchinson.

DAS DENKMAL Westlich der 1903 eröffneten Diffenébrücke, die den Stadtteil Luzenberg mit der Friesenheimer Insel über den Altrhein verbindet, wurde eine Landzunge (Bastion) aufgeschüttet, auf der eine monumentale Denkmalanlage aus vier Pylonen, gemauerter Umrandung und großem Sandsteinbogen errichtet wurde. Den Schlussstein in den Bogen setzte Friedrich I. bei der Einweihung des Industriehafens. In den Schlussstein eingemauert befand sich in einem Behälter aus Metall ein Exemplar der Festschrift von Sigmund Schott, damals Leiter des Statistischen Amtes der Stadt Mannheim. Die Worte lauteten unter anderem: »Möge dieser Hafen, den unsere Stadt aus eigenen Mitteln unter der kundigen Leitung des Stadtbaurates Moritz Eisenlohr erbauen ließ, als sich in kräftigem Emporwachsen den Übergang zur Industriemetropole vollzog und ihrer rasch sich entfaltenden Industrie in unmittelbarer Nähe des Wasser- und Schienenweges neue, günstige Ansiedlungsplätze schaffen mußte, im Verein mit ihren übrigen Verkehrsanlagen, die sich staatlicher Fürsorge verdankt, dazu beitragen, Mannheims wirtschaftliche Kräfte zu stärken, Mannheims wirtschaftlichen Einfluss zu erweitern! Möge er noch vielen Geschlechtern beredte Kunde geben von der Blüte Mannheims im Jubiläumsjahre.« Die Denkmalanlage fiel dem Bombenhagel des Zweiten Weltkriegs zum Opfer. Lediglich ein Pylon und die bronzene Inschriftentafel aus der Frontseite des Bogens blieben unzerstört. Der Pylon musste in den 1980er-Jahren dem Neubau der Diffenébrücke weichen. Er wurde Stein für Stein abgetragen, zwischengelagert und 1988 am östlichen Ufer des Altrheins am Althofbecken, nicht weit von der neuen Brücke, wieder aufgebaut. Die Inschriftentafel, die an die Einweihung des Industriehafens erinnert, ist am Pylon angebracht.

Das besondere Erlebnis

Machen Sie einen Spaziergang zur Diffenébrücke. Die ungewöhnliche Klappbrücke mit den drei blau-roten Kränen, die wie gigantische Fangarme in die Höhe ragen, überspannt die nördliche Schiffseinfahrt zum Industriehafen. Sie wurde nach dem Politiker Philipp Diffené benannt, Präsident der Handelskammer für den Kreis Mannheim – der Bau des Industriehafens war eines seiner Herzensprojekte. Er starb 1903. Die ursprüngliche Brücke wurde 1988 durch die heutige Brücke ersetzt.

Unscheinbar und vergessen steht der Pylon im Schatten der Diffenébrücke.

Die Lüftungsschlitze unterscheiden den Bunker von den Nachbargebäuden.

30

DER HOCHBUNKER

Vom Blockbunker zum Museum

Der jahrzehntelang vergessene Bunker im Stadtteil Sandhofen bietet heute einen Einblick in die Luftfahrt- und Militärgeschichte der Stadt Mannheim – vom Kaiserreich über den Zweiten Weltkrieg bis zur US Army.

ZGMA, Birnbaumstraße 29–31 **Ort** 68307 Mannheim **GPS** 49.5464189, 8.4500412 **Anfahrt** Auto: via B44. ÖPNV: Straßenbahn 3 bis Endstation Sandhofen. Hinweis: Das Museum im Bunker ist zweimal monatlich geöffnet, Infos unter www.zgma.de

Die Pforte zum Bunker

DER HOCHBUNKER Dort, wo der Untergrund den Bau eines Tiefbunkers technisch unmöglich machte, entstanden Hochbunker. Die hatten zudem den Vorteil, dass weit weniger Beton benötigt wurde und keine tiefe Baugrube ausgehoben werden musste. In Mannheim entstanden zwischen 1940 und 1945 20 Hochbunker in verschiedenen Bauarten und Größen: Turmbunker, Kastellbunker, Langhausbunker und Blockbunker. Sie sollten nicht nur als Luftschutzbau dienen, sondern sich gleichzeitig in die klassizistische Architektur Mannheims einfügen. Der dreigeschossige Blockbunker in der Birnbaumstraße entstand im letzten Kriegsjahr. Er ähnelt einem Wohnhaus, wären da nicht Lüftungsschlitze unter den Fensterverdachungen anstelle von Fenstern. Informationen zu dem Bunker findet man kaum. Er geriet nach dem Krieg in Vergessenheit und dümpelte ungenutzt vor sich hin.

VOM BUNKER ZUM ZEITGESCHICHTLICHEN MUSEUM Hobby-Historiker Dirk Schulz hegte schon lange die Idee zu einem kleinen Museum, dessen Schwerpunkt auf der Mannheimer Militärgeschichte seit der Kaiserzeit, den Schütte-Lanz-Luftschiffen und der US Army in Mannheim liegen sollte. Er suchte und wurde fündig – nach langen Verhandlungen stellte ihm die Stadt den Bunker in der Birnbaumstraße zur Verfügung. Nach zweijährigem Innenausbau wurde aus dem ehemaligen Blockbunker das

Zeitgeschichtliche Museum Mannheim (ZGMA). Offizieller Träger ist der Verein des benachbarten Heimatmuseums. Es gibt die fünf Ausstellungsbereiche Schütte-Lanz-Luftschiffe, Kaiserzeit/Erster Weltkrieg, Drittes Reich, US Army Mannheim und Bundeswehr. Der Großteil der Exponate stammt von Dirk Schulz selbst. Dank seiner Sammelwut kam dabei im Lauf der Jahre so einiges zusammen. Und als Fluglotse Schulz, der bei der Flugsicherung auf dem Coleman Army Airfield in Mannheim tätig war, 2008 sein Buch »Fliegerhorst Sandhofen« veröffentlichte, wurden weitere Gegenstände an ihn herangetragen.

Wenn alles grünt, sieht man vom Bunkergebäude wenig.

RUNDGANG DURCH DIE GESCHICHTE

Der Rundgang beginnt in der oberen Etage und führt durch Mannheim im Kaiserreich zur Stadt im Ersten Weltkrieg und informiert über den Luftschiffbau der Mannheimer Schütte-Lanz GmbH. Durch die Goldenen Zwanziger geht es ins dunkelste Kapitel der Mannheimer Geschichte. Die Zeit des Nationalsozialismus erleben Besucher in den düsteren Bunkerräumen nicht nur anhand von Fahnen, Orden, Uniformen und diversen weiteren Originalgegenständen. Vor allem sind es Zeitungsartikel, Kinderbücher und Schulhefte aus jenen Tagen, die einem den Wahnsinn des Dritten Reiches vor Augen führen. Die Verfolgung von Mannheimer Juden wird anhand der Eichbaum-Brauerei gezeigt, die von den Nazis enteignet wurde. Nach dem Krieg konnte die Zerschlagung der Brauerei nur deshalb verhindert werden, weil die amerikanischen Soldaten mit Bier versorgt werden wollten. Das Erdgeschoss informiert in einer Ausstellung anhand von Exponaten und Bildmaterial über die US Army in Mannheim von 1945 bis zu ihrem Abzug 2011.

Das besondere Erlebnis

Ca. 550 Meter vom Bunker entfernt liegt in der Kriegerstraße 28 die KZ-Gedenkstätte Sandhofen e. V. In der damaligen Friedrichschule (heute Gustav-Wiederkehr-Schule) befand sich vom September 1944 bis März 1945 ein KZ-Außenlager. Hier waren 1070 Polen inhaftiert, die während der Niederschlagung des Warschauer Aufstands von den Deutschen festgenommen worden waren, nach Dachau verschleppt und in Mannheim bei Mercedes-Benz als Zwangsarbeiter eingesetzt wurden.
Im Gebäude der Schule befindet sich zu diesem Thema im Untergeschoss eine Ausstellung, die jeden dritten Sonntag im Monat besichtigt werden kann (www.kz-gedenkstaette-sandhofen.de).

Der Blockbunker ist einer von
20 Hochbunkern in Mannheim.

31

DIE MYSTISCHE MAULBEERINSEL

Urwald am Unteren Neckar

Märchenhaft, mystisch, geheimnisvoll – auf dem Streifen unberührter Natur zwischen Neckarkanal und Altneckar fühlt man sich in eine andere Welt versetzt.

Zugang über Riedbahnbrücke **Ort** 68169 Mannheim **GPS** 49.4861959, 8.501895
Anfahrt Auto: via B38 und Röntgenstraße bis Im Pfeifferswörth. ÖPNV: Straßenbahnlinie 5 bis Holbeinstraße, dann 10 bis 15 Minuten Fußweg

An trüben Tagen trifft man auf dem Eiland keine Menschenseele.

URWÜCHSIGE INSEL Auf dem westlichen Teil des kleinen Eilands zwischen Neckarkanal und Altneckar befinden sich Reste einer alten Maulbeerbaumplantage, die 1819 von Großherzogin Stephanie von Baden entlang des Neckardammes im Bereich der späteren Maulbeerinsel angelegt wurde. Die Insel selbst entstand beim Bau des Neckarkanals um 1929/1930, der einerseits Überschwemmungen der umliegenden Felder verhindern und andererseits den Neckar schiffbar machen sollte. Die künstlich geschaffene Insel wurde nach den Bäumen auf dem Neckardamm benannt. Der westliche Teil der Maulbeerinsel wurde 1986 zum Naturschutzgebiet erklärt. Vor allem, um den Restbestand des weißfruchtigen Maulbeerbaums zu sichern – noch etwa 60 Exemplare sollen sich auf der Insel befinden.

CARL THEODORS TRAUM Mit der Zucht von Seidenraupen wollte der Kurfürst in den 1770er-Jahren eine Haupteinnahmequelle für seine Pfälzer Untertanen schaffen, in erster Linie aber auch seine eigenen Finanzen aufbessern. So beauftragte er den kurpfälzischen Hofkammerrat Peter Rigal, der die gewerbliche Seidenraupenzucht bereits seit 1755 im Raum Ingelheim betrieb, diese in der Kurpfalz zu verbreiten. Dazu ging dessen Betrieb an eine Gesellschaft über, die unter Carl Theodors Protektorat stand. 1774 schloss dieser mit der neu gegründeten Gesellschaft einen Vertrag zum Anbau von 200 000 Maulbeerbäumen innerhalb von sechs Jahren. Zur Erklärung: Maulbeerbäume dienen der Zucht des Seidenspinners, dessen Raupe sich von den Blättern der Bäume ernährt. Für ein Kilo Rohseide sind bis zu zehn Kokons erforderlich – für deren Produktion werden aber erst einmal die Blätter von etwa acht Maulbeerbäumen benötigt. Aber zurück in die kurfürstliche Zeit. 1780 standen bereits 110 000 hochgewachsene

Durch das Naturschutzgebiet führt ein schmaler, von Bäumen flankierter Pfad.

Bäume – viele entlang der Schlossachse Heidelberg-Schwetzingen, die nun Maulbeerallee genannt wurde. Man konnte sich einer Raupenzucht mit 450 Zentnern Kokons rühmen. In fast jedem Pfälzer Haushalt wurde die Seidenzucht betrieben.

An manchen Stellen fühlt man sich wie in einem Urwald.

MONOPOL UND ENDE DER SEIDENRAUPENZUCHT Das Monopol über die gesamte Seidenernte besaß die Gesellschaft des Kurfürsten, die Produktion und Verkauf streng kontrollierte. Sie setzte die Preise fest und wehe denen, die es wagten, ihre Seide anderweitig zu verkaufen. Die Strafen waren hoch. Als 1789 die Freiheitsfackel in Frankreich aufloderte, muckten auch die Pfälzer auf. Tausende Maulbeerbäume fielen der Axt wütender Bauern zum Opfer. Mit dem Koalitionskrieg 1794 und wenig später dem Einmarsch der Franzosen in der Pfalz in den nachfolgenden Kriegswirren war es mit der Seidenraupenzucht erst einmal vorbei. Bis es die Adoptivtochter von Napoleon Bonaparte,

Immer wieder bietet sich ein Blick aufs Wasser.

Stéphanie de Beauharnais, durch Heirat Großherzogin von Baden, 1819 erneut versuchte. Sie war im Dezember 1818 mit 29 Jahren Witwe geworden, verlegte daraufhin ihre Residenz von Karlsruhe nach Mannheim und war fortan mit sozialem Engagement, Umbauten und Gartengestaltung beschäftigt.

Das besondere Erlebnis

Schauen Sie sich den ältesten Maulbeerbaum Mannheims an. Er steht vor dem Jüdischen Friedhof an der Feudenheimer Straße und soll zu Zeiten Carl Theodors gepflanzt worden sein. Der Baum ist schätzungsweise knapp 250 Jahre alt.

Hier werden längst keine Autos mehr verkauft.

32

DIE FIRMENRUINE

Opel Kannenberg

Das alte Opel-Autohaus ist seit zwei Jahrzehnten dem Verfall und der Natur überlassen. In den ehemaligen Schauräumen wachsen Bäume und Sträucher aus dem kaputten Betonboden, manche Stellen sind mit Gras oder Moos übersät – so genau ist es durch die Fenster nicht zu erkennen.

Fahrlachstraße 40–44 **Ort** 68165 Mannheim **GPS** 49.47204, 8.4962413
Anfahrt Auto: via B37. ÖPNV: Straßenbahn 6A bis Haltestelle Fahrlach

ES WAR EINMAL Der Autohändler Kurt Kannenberg flüchtete 1945 aus Danzig, wurde in Mannheim ansässig und gründete vier Jahre später auf dem Gelände der ehemaligen Rhein-Neckar-Halle die Kannenberg KG, einen Großhandel der Adam Opel AG. Und war damit in den Wirtschaftswunderjahren äußerst erfolgreich. Er verkaufte nicht nur die neuesten Opel-Modelle, mit seinen Pflege- und Reparaturwerkstätten war Kannenberg gleichzeitig die Anlaufstelle für zahlreiche Opelfahrer in der Rhein-Neckar-Region. Das Autohaus beschäftigte 200 Mitarbeiter und war seinerzeit eines der größten in Deutschland. Bis zum Jahr 1960 hatte Kannenberg 10 000 fabrikneue Fahrzeuge verkauft. Ganz schön viel, wenn man bedenkt, dass damals die meisten Deutschen vom eigenen Auto nur träumen konnten. Zwei der Verkaufsschlager waren der neue Opel Olympia Rekord (1953) und der neue Opel Kapitän (1954), der als Statussymbol galt. Beide waren mit viel Chrom nach amerikanischem Vorbild gestaltet. Der Kaufpreis für einen Opel Kapitän betrug Ende der 1950er-Jahre 10 250 D-Mark, für viele mehr als ein Jahresgehalt. Die Bruttomonatsverdienste lagen bei Angestellten 1958 zwischen 500 und 600 D-Mark.

OPELS NIEDERGANG Mitte der 1990er-Jahre begann die Krise bei Opel. Bei der deutschen Tochter des amerikanischen Automobilherstellers General Motors (GM) hatten deutsche Manager im Unternehmen in Rüsselsheim nicht mehr viel zu sagen. Louis R. Hughes, damals Executive Vice President von GM sowie Chef von General Motors International (GMIO) und mitverantwortlich für strategische und finanzielle Entscheidungen, diktierte das Geschehen. Reines Kostendenken stand im Vordergrund. Die amerikanische Automobilindustrie in Detroit steckte seit den 1980er-Jahren in der Krise. Um die eigenen Milliardenverluste auszugleichen, zog General Motors Gewinne der deutschen Tochter nach Detroit ab – im Lauf der 1990er-Jahre insgesamt rund 4,5 Milliarden D-Mark. Diese rigorosen Sparmaßnahmen hatten erhebliche

Die zerstörten Fenster gewähren Einblick ins Innere.

Vom Autohaus zum Graffiti-Hotspot

Qualitätsmängel zur Folge. Es kam immer wieder zu Rückrufaktionen. Hinzu kam, dass die wechselnden amerikanischen Opel-Vorstände den europäischen Markt falsch einschätzten. Opel schrieb Verluste. Das machte sich natürlich auch bei Kannenberg bemerkbar. Die Verkäufe gingen zurück. Ende 2000 meldete die Firma Insolvenz an.

DIE RUINE Das Gelände, das 27 000 Quadratmeter umfasst, ist seit zwei Jahrzehnten ungenutzt. Die Fensterscheiben sind eingeschlagen, teilweise sind gar keine Fenster mehr vorhanden. Der Betonboden ist mit Müll übersät – alte Autoreifen, Steine, Flaschen, Bretter, umgestülpte Plastikeimer und was auch immer. Dazwischen wachsen Bäume und grüne Sträucher. Bewässert werden sie vom Regen, der durch das undichte Dach tröpfelt. Sogar auf dem Dach wächst ein Baum. Hier und da liegen Wasserpfützen. An den Wänden haben Graffiti-Künstler ihre kunterbunten Werke hinterlassen. Ein Lost Place durch und durch. Es gab im Jahr 2010 mal Pläne, das Gebäude

Einst Ort neu glänzender Opel, heute Müllhalde

als Einzelhandelszentrum zu nutzen, aber daraus wurde nichts. Auch die benachbarte Daimler-Benz-Niederlassung hatte sich zwecks Expansion mal für das Gebäude interessiert. Die Wirtschaftskrise funkte dazwischen, und später wurde die neue Niederlassung nicht auf dem Kannenberg-Gelände, sondern im Stadtteil Friedrichsfeld errichtet. Bis heute steht nicht fest, was mit dem früheren Autohaus geschehen soll. Irgendwann wird sich die Natur das verfallende Gebäude vollständig zurückerobert haben.

Das besondere Erlebnis

Etwa 750 Meter von Opel Kannenberg entfernt befindet sich in der Museumsstraße 1 das Technoseum. Dort können Sie auf sechs Ebenen und an zahlreichen interaktiven Experimentierstationen den technischen und sozialen Wandel ab dem 18. Jahrhundert erleben und in der Elementa 3 auch Zukunftstechnologien wie Robotik und Energie und Umwelttechnologien durch Experimente erleben. Infos: www.technoseum.de

33

DER MAUERREST

Die vergessene Burg Eichelsheim

Mannheim hatte mal eine Burg. Sie stand dort, wo sich heute der Stadtteil Lindenhof befindet. Ein unbeachteter Mauerrest am Rheinufer erinnert an den einst großen Burgkomplex.

Stephanieufer **Ort** 68163 Mannheim **GPS** 49.472868, 8.4647479
Anfahrt Auto: via B37 und B36. ÖPNV: Straßenbahn 3 bis Lindenhof

Mehr als ein paar Steine sind von der einst mächtigen Burg nicht übrig.

RHEINZÖLLE Als die Burg Mitte des 14. Jahrhunderts am Rheinufer entstand, war Mannheim noch das Dorf Mannenheim. Die Stelle am Fluss war perfekt geeignet, den Rheinschiffern Zoll abzuverlangen – Zölle wurden seit dem Frühmittelalter auf dem schiffbaren Gebiet des Rheins auf Warenverkehr erhoben. Dienten sie anfangs dazu, den Warentransport auf dem Fluss zu verbessern, wurden sie später zu einer wichtigen Einnahmequelle für das Reich. Die Burg am »Mannenheimer« Rheinufer soll im Auftrag Kaiser Karls IV. errichtet worden sein. Dieser bewilligte vom dortigen Rheinzoll dem Pfalzgrafen Rudolf II., der in Neustadt residierte, einen gewissen Anteil.

Dass in unmittelbarer Nähe mal eine Burg stand, ist kaum jemandem bekannt.

BURG EICHELSHEIM Man nimmt an, dass der Name auf den dichten Eichenwald zurückgeht, der dort zu jener Zeit wuchs. Einem alten Kupferstich nach sah der Burgkomplex recht prächtig aus. Vier Rundtürme, zwei Tortürme, eine Ringmauer und ein Wassergraben. Zeitweise wurden in der Burg prominente Zeitgenossen eingekerkert. So der Gegenpapst Johannes XXIII., den der Pfälzer Kurfürst Ludwig III. im Reichsauftrag von Mitte 1416 bis Anfang 1419 im Turm gefangen hielt. Vor dem Ausbau verfügte die Burg nur über diesen einen Turm. Mit verkrümmten Gliedmaßen habe er in der beengten Behausung auf dem viel zu kurzen Bett geschlafen, beschwerte er sich nach seiner Freilassung. Nach der Schlacht bei Seckenheim (Friedrich I. gegen Friedrich III.) 1462 wurde Bischof Georg von Metz im selben Turm eingekerkert wie ein paar Jahrzehnte zuvor der Gegenpapst. Zeitweise war die Burg Prägestätte der kurpfälzischen Silbermünze »Mannheimer Pfennig«.

ZERSTÖRUNG Im Dreißigjährigen Krieg nahmen schwedische Truppen 1632 die Burg ein und sprengten sie zwei Jahre später. Der Wiederaufbau erfolgte 1639. Lange blieb sie nicht stehen. Als Mannheim während des Pfälzischen Erbfolgekriegs belagert wurde, war hinterher von der Burg nicht mehr viel übrig. Trotzdem erfolgte 1736 im Polnischen Thronfolgekrieg, dessen Kriegsschauplatz das Rheingebiet mit einbezog, nochmals eine Befestigung. Drei Jahrzehnte später folgte das endgültige Aus für die Burg, als durch ein Hochwasser die Uferschutzmauer einbrach. Ein erneuter Wiederaufbau fand nicht statt. Auf dem Gelände entstand später ein Ausflugslokal. Nur der nachträglich errichtete Mauerrest und eine Gedenktafel erinnern heute an die Burg.

Das besondere Erlebnis

Machen Sie einen Spaziergang am Stephanieufer. Das Ufer wurde nach Stéphanie de Beauharnais (1789–1860) benannt, der Großherzogin von Baden. Am Beginn des Waldparks steht etwas versteckt eine hübsche Statue von ihr.

Bühne der Thingstätte Heidelberg – einst Ort der Propaganda

Der alte Friedhof am Klingenteich
ist der Natur überlassen.

REGISTER

A

Adis, Hermann 115 f.
Alker, Hermann Reinhard 21
Antikensaal 130
Arboretum 57
Atomschutzbunker 122 f., 126 f.
Aussätzige 90 f.

B

Bensinger, Friedrich Julius 119
Bergfriedhof 27 f., 53, 94 f., 97
Bligger von Steinach 82
Blutgericht 79
Böse, Otto Hugo 115 f.
Briesen, Fritz von 73 f.
Brückenkopf 84 f.
Burg Eichelsheim 152 f.
Bürgermeistermorde 58
Burgfeste Dilsberg 72, 82
Burgruine Reichenstein 80
Busse, Wilhelm 59 f., 62

D

Diffenébrücke 137
Dilsberg 9, 72 ff., 82
Doland, Adolf 115 f.
Dossenheimer Klause 42 ff.
Dreißigjähriger Krieg 55, 86 f., 89, 153

E

Ehrenfriedhof 26 ff.

F

Frank, Andreas 78 f.
Freilichtbühne 20, 25
Friedrich I., Kurfürst 87, 105 f., 130, 137, 153
Friedrich III., Kaiser 71, 87, 105, 153
Friedrich V. 87, 89

G

Gaisberg 57, 87, 95
Gleis 1a 30 ff.
Goebbels, Joseph 21, 24
Grabmal 51 ff., 71, 76, 109
Grabraub 128 f.
Gruft 128 f.
Gurs 30 ff.
Gutleuthofkapelle 90, 92

H

Handschuhsheim 19, 68 f., 71, 85
Hanhart, Rudolf 77
Hauptfriedhof Mannheim 108
Heidenloch 38 ff.
Heiligenberg 4, 14 f., 18 ff., 38 f., 64 ff.
Helmstatt, Johann Ferdinand Joseph Freiherr von 69, 71
Hochbunker 102 f., 117, 140 f.
Hugo, Victor 39
Hutzelwald 86 f., 89

I

Industriehafen 136 f.

J

Job, Kaspar 94 f.
Jüdischer Friedhof 51

K

Carl Philipp, Kurfürst 99, 105, 128 ff.
Karl Theodor, Kurfürst 69, 106
Karlstor 46 f.
Keltenrundweg 19
Kernstock, Johann Georg 43 ff.
Klar, Christian 47 f.
Klingenteich 50 ff., 156
Klingentor 50
Königstuhl 25, 27, 58 f., 87
Kotzebue, August von 109 f., 112 f.
Krämer, Valentin 78 f.
Kroesen, Frederick James 47 ff.
Kuhn, Marvin und Sabrina 135
Kultstätte 21, 65 f.
KZ-Gedenkstätte Sandhofen 142

L

Lang, Georg Philipp 78 f.
Lauersche Gärten 114
Lenel, Alfred und Viktor 119
Lepra 91

Leprosenstein 91
Linsenteich-Auweg 59 f.
Ludwig IV., Kurfürst 105
Lutz, Sebastian 78 f.

M

MARCHIVUM 103, 117
Maulbeerinsel 144 f., 147
Michaelskloster 4, 19, 64 ff.
Mohnhaupt, Brigitte 47
Molkenkur 54 f., 57
Mordsteine 58, 63

N

Naturschutzgebiet Altneckar 85
Neckarau 119 f.
Neckargemünd 8, 82
Neckarsteig 82
Nessel, Diether 81 f.

O

Obere Burg 54, 57
Opel Kannenberg 148 ff.
Österlein, Mathias 79

P

Panzerwald 9, 132 ff.
Paul, Erich 115 f.
Peterskirche 76, 78
Petry, Andreas 78 f.
Pylon 136 f., 139

R

RAF 46 f.
Raubritter 80 f.
Reid, Thomas 15 ff., 19
Rieter, Hans Jacob 77 ff.
Rigal, Peter 145
Ritter 8, 68 f., 71, 82, 106

S

Sand, Karl Ludwig 109 f., 113
Schildkröt-Puppen 118, 120 f.
Schlierbach 47, 90 ff.
Schlosskirche Mannheim 128 ff.
Schulz, Dirk 141 f.
Schütz, Philipp Friedrich 78 f.
Schwanenteichanlage 30
Seckenheim 105 ff., 153
Siechenhaus 4, 90
Siefert, Leonhard 60, 62 f.
Sippel, Arnold 15 ff.
Soldatenfriedhof 27
Speer, Alfred 101
St.-Nikolaus-Bildstock 34 f., 37
St.-Vitus-Kirche 71
Stadthaus N1 122 f., 126 f.
Stadtwald 37, 58 ff., 97
Steinbruch Leferenz 45
Stephanie von Baden, Großherzogin 145
Stephanieufer 153
Stephankloster 25

T

Thingbewegung 21, 24
Thingstätte 20 f., 24 ff., 154
Tiefbunker 100, 102, 132, 135
Tiefburg 68, 71
Tilly, General 55, 87, 89
Twain, Mark 72 ff.

U

US-Armee 8 f., 47, 49, 85, 132 ff., 140 ff.

V

Valerieweg 49

W

Walpurgisnacht 25
Wasserturm 107, 113, 118 ff.
Werner, Leopold 59 f.
Wolfsbrunnen 93

Z

Zeitgeschichtliches Museum Mannheim (ZGMA) 140 ff.
Zollstock 14, 18 f.
Zollstockhütte 18

IMPRESSUM

Verantwortlich: Dr. Johannes Abdullahi
Lektorat: Franka Virteburch
Korrektorat: Ralf J. Klumb | The Wordworms
Layout: BUCHFLINK Rüdiger Wagner, Nördlingen
Covergestaltung: Rudi Stix
Kartografie: Bruckmann Verlag GmbH, Heidi Schmalfuß
Repro: LUDWIG:media
Herstellung: Alexander Knoll
Printed in Slovenia by Florjancic

★★★★★

Sind Sie mit diesem Titel zufrieden? Dann würden wir uns über Ihre Weiterempfehlung freuen.
Erzählen Sie es im Freundeskreis, berichten Sie Ihrem Buchhändler, oder bewerten Sie bei Onlinekauf.
Und wenn Sie Kritik, Korrekturen, Aktualisierungen haben, freuen wir uns über Ihre Nachricht an Bruckmann Verlag, Postfach 40 02 09, D-80702 München oder per E-Mail an lektorat@verlagshaus.de.

Unser komplettes Programm finden Sie unter www.bruckmann.de

In diesem Buch wird aus Gründen der besseren Lesbarkeit das generische Maskulinum verwendet. Weibliche und anderweitige Geschlechteridentitäten werden dabei ausdrücklich mitgemeint, soweit es für die Aussage erforderlich ist.

Empfehlung der Redaktion Sie sind auf der Suche nach weiterführender Literatur? Dann empfehlen wir Ihnen den Titel »31819 Historische Pfade Pfalz« von Matthias Wittber. Oder Sie werfen einen Blick in die Zeitschrift BERGSTEIGER. Hier werden Sie bestimmt fündig.

Bildnachweis Die Fotos stammen alle von Cornelia Lohs, außer: Brunnenstollen Bergfeste Dilsberg (S. 2, 72–75): © Burkhard Zantopp; Bunker E6 S. 100, 102, 103: @ Georg Seiberlich; Panzerwald S. 132–135: © Sabrina Kuhn
Umschlagvorderseite: Grabsteine auf dem Ehrenfriedhof (Kapitel 3)
Umschlagrückseite: Michaelskloster auf dem Heiligenberg (Kapitel 12)

Die Deutsche Nationalbibliothek verzeichnet diese Publikation in der Deutschen Nationalbibliografie; detaillierte bibliografische Daten sind im Internet über http://dnb.d-nb.de abrufbar.

ISBN: 978-3-7343-2436-9